Andrea De Foglio

# La fede e i giovani nell'era dei Social network

Andrea De Foglio

# La fede e i giovani nell'era dei Social network

## Fede virtuale o virtù di fede?

Edizioni Sant'Antonio

Cover image: www.ingimage.com

Publisher:
Edizioni Accademiche Italiane
is a trademark of
International Book Market Service Ltd., member of OmniScriptum Publishing Group
17 Meldrum Street, Beau Bassin 71504, Mauritius

Printed at: see last page
**ISBN: 978-613-8-39076-3**

*Dedicato a tutti quei giovani che ho conosciuto negli anni*
*e a quelli che il Signore vorrà mettere ancora sul mio cammino.*

*In questo angolo del mondo digitale, Signore,*
*ci sono centinaia di nomi,*
*che chiamo "amici",*
*ma molti di loro li conosco poco,*
*altri solo di vista, altri ancora sono poco più che volti*
*Alcuni li ho scelti.*
*Altri hanno scelto me.*
*E ora sono qui, sulla mia home*
*come sorelle e fratelli,*
*posti sulla mia rotta virtuale.*
*Te li affido, Signore, uno per uno.*
*Ti affido le loro speranze, le loro paure,*
*i loro progetti di felicità.*
*Rendimi, per loro, immagine*
*del tuo amore paziente e misericordioso.*
*Rendimi amico vero, pronto ad ascoltare,*
*a condividere, a esserci.*
*Rendimi apostolo, capace di annunciare, anche sul Web,*
*il tuo Vangelo di salvezza.*
*Ti ringrazio, Signore,*
*per questo spazio immenso, per questa vita a colori,*
*per questi incontri che forse non sono così casuali.*
*Tuttavia, Signore,*
*ti chiedo di non lasciarmi affogare*
*in questo mare di finta compagnia:*
*risveglia in me il desiderio*
*di uscire là fuori,*
*di ascoltare voci reali,*
*di abbracciare persone autentiche*
*e stringere amicizie vere.*
*Amen.*

# La fede e i giovani nell'era dei Social Network

Schema:

1. **La nuova frontiera dell'informatica**
   - *Strumento di comunicazione: i Social Network*
   - *Integrazione: via di comunicazione*

2. **La teologia e la comunicazione**
   - *Ministero ecclesiale*
   - *La comunicazione: storia della via comunicativa*

3. **La teologia della comunicazione o della rivelazione**
   - *La comunicazione nella prospettiva della fede*

4. **Nuove prospettive pastorali nell'era dei *Social Network***
   - *Proposte*
   - *Nuove esperienze pastorali già in atto*
   - *Alcuni suggerimenti ai giovani per navigare con attenzione*
   - *Il «decalogo» della sicurezza in rete*

5. **Conclusione**

## Introduzione

Se si pensa alla religione come a una forma di comunicazione tra il divino e l'umano e si considera il fatto che il mondo della comunicazione è in continua evoluzione, è facile comprendere la volontà da parte della Chiesa, di stare al passo con i tempi.

Del resto, la celebre frase di Gesù di Nazareth "Andate in tutto il mondo e predicate il Vangelo ad ogni creatura" (Mc 16,15), è la conferma di come l'esigenza di comunicare sia sempre stata parte integrante della storia della Chiesa cattolica.

La diffusione della fede e dei suoi principi (amore, carità, perdono, pace, fratellanza, ecc.), è stata, fin dalla sua origine, la missione principale dell'istituzione mostratasi interessata ai problemi della comunicazione.

Numerosi sono i documenti che lo testimoniano, notevole la mole di atti che dimostrano la consapevolezza e la volontà di un cambiamento anche per quanto riguarda l'uso degli strumenti di comunicazione. Inoltre, per secoli, l'attenzione della Chiesa è stata rivolta più sui contenuti della comunicazione che sulle sue dinamiche.

In un'ottica strettamente teologica la questione fondamentale, in ogni epoca, è stata quella dell'evangelizzazione da affrontare di fronte alle esigenze dei tempi.

In un'ottica sociologica, invece, la questione è rappresentata da come la Chiesa si rapporta ai mutamenti sociali: da qui la necessità di definire la propria collocazione, evidenziando le specificità rispetto alle altre istituzioni e agli altri sistemi di pensiero; in questo modo rivela la propria identità. Il mutamento sociale con la trasformazione delle istituzioni e della cultura costringe a modificare le strutture affinché non diventino obsolete e prive cioè di senso.

Lo sviluppo tecnologico ha segnato la società moderna verso nuove esigenze comunicative a cui neanche la Chiesa è potuta rimanere estranea.

Comunicare in ambito ecclesiale, significa, oggi, diffondere agli uomini la Buona Novella, il messaggio di Dio, parlando una lingua accessibile e prendendo atto del fatto che attese e domande cambiano col mutare dei tempi.

Questo testo si propone un'analisi delle problematiche relative allo sviluppo della comunicazione della Chiesa, e del rapporto tra istituzione e il mondo di Internet.

La Rete caratterizzata dalla mancanza di confini geografici, di barriere spazio-temporali, dalla presenza non fisica delle persone ma virtuale, dall'assenza di un'autorità centrale che regoli l'accesso nel cosiddetto cyberspazio è ambito ulteriore di libertà.

Il *primo capitolo*, inquadra la situazione della società giovanile, in relazione con la Chiesa in rete, secondo la traccia di un percorso informativo che giunga a presentare con un quadro generale quegli "strumenti" di *social network*[1] utilizzati attualmente dal mondo.

Nel *secondo capitolo,* per una visione più chiara dello sviluppo seguito dalla Chiesa nell'avvicinarsi ad Internet, si traccia un breve excursus circa le tappe fondamentali della teologia della comunicazione, del suo rapporto con Internet, fino a descrivere, a grandi linee, il percorso della Chiesa nei confronti di tale mezzo.

Il *terzo capitolo* farà riferimento ad alcuni documenti ecclesiali in materia di comunicazione, punto di riferimento insuperabile per chi voglia aver un quadro completo ed ufficiale. Non si potrà prescindere dal Concilio Ecumenico Vaticano II e da altre encicliche specifiche come l'*Inter Mirifica* e la *Miranda Prorsus*, in cui viene riconosciuta l'importanza dell'utilizzo dei mezzi di comunicazione di massa e del loro uso corretto, non senza una punta di diffidenza verso le nuove tecnologie.

Infine, il *quarto capitolo* reca una proposta di trasmissione della fede adatta ai giovani e alla società contemporanea con annesso "decalogo" per un buon uso dei *Social Network.*

[1] In lingua italiana *rete sociale*

Rilevato che il giudizio della Chiesa nei confronti dei mezzi di comunicazione è mutato nel corso degli anni di pari passo con gli altri cambiamenti della società e delle domande che contrariamente ne emergono, in una civiltà informatizzata come quella in cui la Chiesa si trova oggi a svolgere la propria missione, in cui la massa di informazioni è enorme e dove risulta evidente la crisi dei valori tradizionali, quale il comportamento cristiano da adottare? Quale la trasmissione della fede? Come operare nelle realtà locali dove Internet costituisce la fonte privilegiata delle informazioni?

La radio, la tv, la stampa e soprattutto Internet vengono utilizzati dalla Chiesa come strumenti del messaggio evangelico.

D'obbligo il riferimento al sito facebook [2], come anche a msn Messenger [3], attraverso i quali la voce, il volto e il messaggio di milioni di persone, è diffuso in tutto il mondo.

Da ultimo, numerosi appaiono i siti religiosi presenti in Internet accomunati, per lo più, da una certa omogeneità e talvolta da un appiattimento sul livello informativo.

[2] www.facebook.com

[3] www.msn.com

# Capitolo I

## La nuova frontiera dell'informatica

### STRUMENTO DI COMUNICAZIONE: I SOCIAL NETWORK

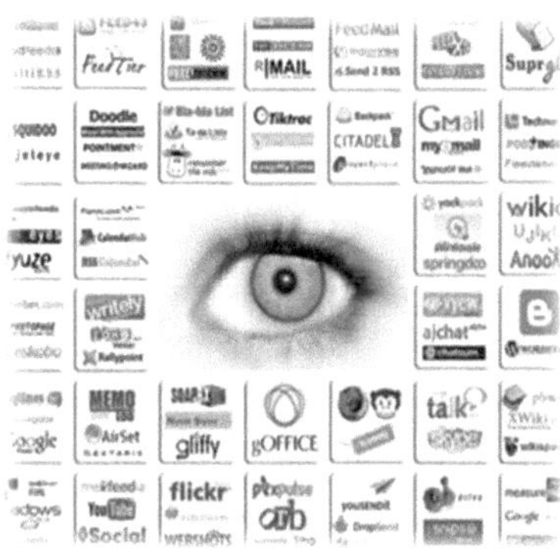


I *Social Network,* sono "piattaforme virtuali", cioè dei luoghi in cui via Internet ci si ritrova portando con sé e *condividendo* con gli altri fotografie, filmati, pensieri, indirizzi di amici e tanto altro. I *Social Network* sono lo strumento di condivisione per eccellenza e rappresentano straordinarie forme di comunicazione, anche se comportano dei rischi per la sfera personale degli individui coinvolti.

I primi *Social Network* sono nati in ambito universitario, tra colleghi che non si volevano "perdere di vista", che desideravano "fare squadra" una volta entrati nel mondo del lavoro.

Chi sono gli internauti che si rivolgono al Web 2.0 e quali siti di *social networking* preferiscono? I dati raccolti da Nielsen/NetRatings[4] confermano che gli utenti sono più di frequente i *maschi* (8% in più della media) e *giovani-adulti* o *adulti* (18-34 anni: 6% in più sulla media; 34-49% in più della media). Al contrario sono meno frequentemente rappresentati le femmine, i *più* giovani e i *più* anziani. Ciascuna di queste principali categorie socio demografiche ha le sue

[4] http://www.nielsen-online.com/pr/pr_060511.pdf

preferenze, e pertanto i siti visitati sono diversi, però si possono individuare delle regolarità. Ad esempio tra i tanti siti Internet comune a tutti, troviamo il *Social Network* più conosciuto *Facebook* oppure *Windows Live Messenger (MSN)*. Questi sistemi di comunicazione globale, sono un «oceano» di informazioni, che si autorganizzano e si espandono al di là di ogni forma di strutturazione o di selezione previa di contenuti.

*Facebook* è stato fondato il 4 febbraio 2004 da Mark Zuckerberg, all'epoca studente diciannovenne presso l'università di Harvard, con l'aiuto di Andrew McCollum e Eduard Saverin.

Il dominio attuale, *facebook.com*, fu registrato soltanto in seguito, tra l'aprile e l'agosto 2005, e molte singole università furono aggiunte in rapida successione nell'anno successivo. Col tempo, persone con un indirizzo di posta elettronica con dominio universitario (per esempio .edu, .ac, .uk, ed altri) e da istituzioni di tutto il mondo acquisirono i requisiti per parteciparvi.

Quindi il 27 febbraio 2006 *Facebook* si estese alle scuole superiori e alle grandi aziende.

Dall'11 settembre 2006, chiunque abbia più di 13 anni può parteciparvi.

In Italia c'è stato un vero e proprio boom nel 2008. Secondo i dati dell'osservatorio indipendente *Inside Facebook*, gli utenti italiani nel mese di settembre 2009 sono circa 18 milioni[5].

In un articolo pubblicato sul suo blog[6] personale, il sociologo ingaggiato da *Facebook*, Cameron Marlow, ha reso pubblici i dettagli di uno studio condotto dal *Facebook Data Team* sulle dinamiche sociali degli utenti iscritti a questo social network. La maggior parte di questi iscritti sono i giovani.

---

[5] http://ogear.wordpress.com, *Internet, in Italia boom di Facebook. In un anno cresce del 963%*. Documento consultato il 25 ottobre 2009.

[6] Un *blog* è un sito internet, generalmente gestito da una persona o da un ente, in cui l'autore pubblica più o meno periodicamente, come in una sorta di diario *online*, i propri pensieri, opinioni riflessioni, considerazioni, ed altro, assieme, eventualmente, ad altre tipologie di materiale elettronico come immagini o video.

Questo *Social Network* viene utilizzato dai giovani per tanti motivi: chat[7], scambio di informazioni e fotografie, giochi, ritrovare persone perse di vista da anni, ecc., dando spazio a tutto ciò che riguarda l'amicizia e il divertimento. Naturalmente è un mezzo che è utilizzato anche dalla Chiesa per evangelizzare. Basti pensare ai tanti "addetti ai lavori" che inseriscono su *Facebook* messaggi spirituali, blog, forum[8] e video per aiutare i giovani e quanti usufruiscono di tale mezzo per tentare di cercare risposte di fede.

*Facebook* agli inizi era esattamente la traduzione virtuale del "libro delle fotografie" della scuola, dell'annuario. Una bacheca telematica dove ritrovare i colleghi di corso e scambiare loro informazioni.

Gli ultimi sviluppi spingono i *Social Network* a integrarsi sempre più con i telefoni cellulari, trasformando i messaggi che vengono pubblicati *on line* in una sorta di SMS[9] multiplo che giunge istantaneamente a tutti i nostri amici.
*Facebook*, *Messenger* e tutti gli strumenti predisposti dalle reti sociali, ci permettono di seguire i familiari, gli amici, i nostri *idoli*, che vivono in altre città e in altre nazioni. Espandono la nostra possibilità di comunicare, anche in ambito politico e sociale trasformandoci in agenti attivi di campagne a favore di quello in cui crediamo. Possono facilitare lo scambio tra colleghi, e tra colleghi e impresa.

I *Social Network* sono strumenti che danno l'impressione di uno spazio personale, o di piccola comunità. Si tratta però di un falso senso di intimità che può spingere gli utenti a esporre troppo la propria vita privata, a rivelare informazioni strettamente personali, provocando "effetti collaterali", anche a distanza di anni, che non devono essere sottovalutati.

---

[7] Il termine *chat* (in inglese, letteralmente, "chiacchierata"), viene usato per riferirsi a un'ampia gamma di servizi sia telefonici che via Internet; ovvero, complessivamente, quelli che i paesi di lingua inglese distinguono di solito con l'espressione "online chat", "chat in linea". Questi servizi, anche piuttosto diversi fra loro, hanno tutti in comune due elementi fondamentali: il fatto che il dialogo avvenga in tempo reale, e il fatto che il servizio possa mettere facilmente in contatto perfetti sconosciuti, generalmente in forma essenzialmente anonima. Il "luogo" (lo spazio virtuale) in cui la chat si svolge è chiamato solitamente chatroom (letteralmente "stanza delle chiacchierate"), detto anche channel (in italiano canale), spesso abbreviato *chan*.

[8] Un *forum* può riferirsi all'intera struttura informatica nella quale degli utenti discutono su vari argomenti.

[9] Acronimo dell'inglese *Short Message Service*, (servizio messaggi brevi) è comunemente usato per indicare un breve messaggio di testo inviato da un telefono cellulare ad un altro. Il termine corretto sarebbe SM (Short Message), ma ormai è invalso l'uso di indicare il singolo messaggio col nome del servizio.

I *Social Network* hanno attirato anche l'attenzione del mondo religioso e spirituale solo da qualche tempo. Fino a pochi anni fa, infatti, si interessavano e parlavano del *web*, quasi esclusivamente, gli addetti ai lavori. Oggi, navigando in Internet, la «Grande Rete», è facile accorgersi della consistente presenza di elementi legati alla religione e al sacro.

Digitando la parola "*God*", cioè Dio nella lingua principale del web, l'inglese, nei principali «motori di ricerca» (un sistema che permette di trovare una stringa di testo nelle pagine della Rete), quali *Google*[10]o *Yahoo!*[11] otteniamo risultati inferiori, come numero di pagine, solo a "*Sex*" e "*Food*" (sesso e cibo). Questo può far riflettere su come cambieranno la natura e le dinamiche del "sé spirituale", che oggi ritroviamo anche *on line*.

Navigheremo alla ricerca di Dio? Sembra, infatti, che molti tra giovani e adulti usi Internet almeno una volta la settimana per risolvere questioni religiose, specialmente per scambiare con altri navigatori esperienze, idee e convinzioni sul tema.

Ma è possibile capire cosa di religioso c'è nella Rete? Certo, si possono consultare utilmente volumi che realizzano una sorta di censimento organizzato, motori di ricerca tematici, come ad esempio l'italiano *Profeta*[12] ed altri siti costruiti appositamente o studi presenti in Rete[13].

La risposta della Chiesa italiana a questa richiesta è consistente. È difficile fare un conto preciso dei siti cattolici presenti in Rete, anche perché ogni secondo ne potrebbe nascere uno nuovo, o un altro potrebbe essere cancellato. Una sorta di censimento lo fa Francesco Diani[14], nel sito *www.siticattolici.it*, che ordina per tematiche i vari siti; questo è aggiornato quasi quotidianamente ed ha al suo interno un ottimo motore di ricerca.

---

[10] www.google.com

[11] www.yahoo.com

[12] Raggiungibile all'indirizzo http://www.miriam.org/profeta che raccoglie oltre 6000 siti. Documento consultato il 24 novembre 2009.

[13] Uno fra i tanti: www.fides.org/ita/statistiche/2000_4a.htm 1 (aggiornato il 31 dicembre 2005). Documento consultato il 26 gennaio 2010.

[14] Creatore e curatore del primo repertorio web cattolico in Italia

Il Pontificio Consiglio delle Comunicazioni Sociali nel documento *"Etica in internet"* del 22 febbraio 2002 sostiene che Internet possiede caratteristiche eccezionali[15]. È infatti caratterizzato da istantaneità e immediatezza, è presente in tutto il mondo, decentrato, interattivo, indefinitamente espandibile per quanto riguarda i contenuti, flessibile, molto adattabile. È egualitario, nel senso che chiunque, con gli strumenti necessari e una modesta abilità tecnica, può essere attivamente presente nel cyberspazio, trasmettere al mondo il proprio messaggio e richiedere ascolto. Permette l'anonimato, il gioco di ruoli e il perdersi in fantasticherie nell'ambito di una comunità. Secondo i gusti dei singoli utenti, si presta in egual misura a una partecipazione attiva e a un assorbimento passivo in un mondo "di stimoli narcisistico e autoreferenziale"[16].

*Facebook* rispecchia «in toto» quanto la Chiesa definisce sul concetto di Internet. La cosa che forse disturba un po', sono le relazioni che si vivono in questa società virtuale. Il mondo giovanile si "parla", si "guarda", si "abbraccia" solo virtualmente! Non si vive più quell'"amicizia" dove due persone pur senza parlarsi e guardandosi negli occhi si capiscono al volo. Oggi il valore e il termine di "amicizia" si è svalutato. Su *Facebook,* come anche in molte altre "piattaforme virtuali", si è "amici" solo se l'altro «accetta la mia amicizia» con un *clic* del mouse. E se dall'altra parte il "clic" non c'è, si creano quei muri virtuali che non lasciano spazio ad eventuali incontri chiarificatori.

Ad oggi sono davvero pochissimi i giovani (ma anche i meno giovani) che non utilizzano *youtube, flickr, facebook, whatsapp, telegram*[17].
Questi nomi sono l'evidente manifesto di come il web 2.0 sia sinonimo, per la maggior parte degli utenti giovani, di *Social Network.*
Ne sorgono a migliaia, oltre ovviamente a *www.giovani.it*, che fornisce la possibilità di creare il proprio spazio con *blog* e *gallery*: ognuno ha una propria

---

[15] PONTIFICIO CONSIGLIO PER LE COMUNICAZIONI SOCIALI, *Etica in Internet,* in "Enchiridion Vaticanum: documenti ufficiali della Santa Sede", I, Bologna 1966, 1.
[16] *ibidem,* n° 7
[17] Tra i Social Network più diffusi nel mondo vi sono anche: *Hi5, Skyrock, Friendster, Tagged, LivJournal, Orkut, Fotolog, Bebo.com, LenkedIn, Badoo.com, Multiply, Imeem, Ning, Last.fm, Twitter, MyYearbook, Vkontakte, aSmallWorld, Xiaonei.*

utenza, nella maggior parte dei casi strettamente legata alla zona geografica dove si risiede.

La maggior parte di questi network sociali si integra alla perfezione con un altro fenomeno tipico di questi tempi: *il blog personale*.

Nell'"emergente società in rete", l'identità della comunità giovanile appare in profonda ridefinizione. La *netwoked young* si presenta come un insieme di persone che entrano ed escono continuamente da gruppi formatisi grazie alle opportunità tecnologiche offerte da migliaia di reti telematiche; l'appartenenza a tali "comunità" è libera e assicurata da un semplice "colpo di clic" del mouse. Così, grazie alle nuove tecnologie, i giovani possono coltivare contemporaneamente appartenenze multiple e pure sperimentare identità differenti; il rovescio di tale libertà di relazioni è però la loro instabilità.

Queste trasformazioni del legame nel mondo giovanile, favorite dalle nuove tecnologie, s'iscrivono però entro trasformazioni socioculturali più ampie, le quali tendono alla "de-costruzione" della modernità[18]. La globalizzazione, anziché configurarsi come assimilazione di tutte le culture entro il modello occidentale, ovvero come omologazione allo stile di vita americano, s'intreccia con la vitalità delle religioni e culture, e con la riscoperta delle identità locali. Per questo motivo si preferisce parlare di "glocalizzazione", al fine di evidenziare meglio gli effetti paradossali e, talora, "perversi", che si originano da questo inedito intreccio tra apertura al mondo giovanile e il rinvigorirsi del localismo[19].

In breve, sia l'identità dei giovani, sia la comunità giovanile vengono profondamente ridefinite dagli usi sociali delle nuove tecnologie. Sintetizzando al massimo quanto risulta da alcuni studi[20], si può dire che l'identità dei giovani, da "essenza" stabile e definita, appare un costrutto socioculturale in continua evoluzione, oggetto di sperimentazione continua e continui adattamenti ad

---

[18] Cfr. J. F. LYOTARD, *La condizione postmoderna. Rapporto sul sapere*, Milano 1981

[19] Cfr. S. MARTELLI, *Sociologia dei processi culturali, lineamenti e tendenze*, Brescia 1999

[20] Cfr. P. DELL'AQUILA, *Tribù telematiche. Tecnosocialità e associazioni virtuali*, Rimini 1999 e L. SPEDICATO, (a cura di), *La vita on line. Strategie di costruzione del sé in rete*, Nardò (LE) 2008

ambienti virtuali differenti. Il soggetto "post"- moderno, distinguendo il proprio "io" dai molti sé come ha insegnato da tempo la sociologia di Ervin Goffman[21], sa entrare in gruppi e comunità virtuali in modi differenti, presentando *avatar* e maschere virtuali, collezionando molteplici identità, sempre parziali e continuamente ri-definite. Il *networked individualism*[22] dà, quindi, adito alla trasformazione dell'identità stabile giovanile in una molteplicità di identità giovanili.

Analoga trasformazione subisce la comunità giovanile: nelle società in Rete essa va declinata al plurale. Non solo perché nel cyberspazio si possono distinguere tipi differenti di comunità – ad esempio comunità giovanili ancorate a un territorio dato (metropoli, regione, ecc.) o anche comunità giovanili di affinità (appassionati di musica, fan del calcio, della moda, ecc.) – ma soprattutto perché il moltiplicarsi a dismisura del loro numero introduce una trasformazione irreversibile del concetto stesso di comunità di giovani. Con buona pace dei *tecnoottimisti*[23] del virtuale, le comunità dei giovani in Rete si presentano come diluite e depotenziate: proprio quelle caratteristiche – integrazione sociale, sostegno della personalità, ecc. – che più sono cercate dai giovani "navigatori" sono anche quelle più labili: il *cybermondo* appare popolato da comunità giovanili "immaginate". Pertanto pure la riscoperta della comunità dei giovani, nella società glocalizzata, è più frutto di nostalgia che una struttura emergente, e ciò dà luogo a esiti imprevisti e paradossali.

In sintesi, sia la personalità, sia la comunità giovanile nell' "emergente società in Rete" si paralizzano e si trasformano, con esiti e in direzioni che sono ancora oggetto di studio da parte delle scienze sociali.

Tenendo presente quanto si è appena detto sulle trasformazioni sia dell'identità giovanile che della sua comunità, si può dire anche che nei *Social Network* le identità esprimono liberamente spontaneità, creatività e gratuità; che

---

[21] E. GOFFMAN, *La vita quotidiana come rappresentazione*, Bologna 1969

[22] Cfr. B. WELLMAN, *The social affordances of the Internet for networked individualism*, vol. 8, n°3. Documento consultato il 10 marzo 2010 nel sito: http://jmc.indiana.edu/vol8/issue3/wellman.html.

[23] Termine ripreso da H. RHEINGOLD, *Comunità virtuali. Parlare, incontrarsi e vivere nel cyberspazio*, Milano 1994

si assiste alla pluralizzazione delle identità di ogni singolo giovane; che l'atmosfera delle comunità giovanili virtuali è emotiva e favorisce il ri-crearsi del legame sociale, anche se in forme differenti da quelle proprie dei rapporti *face-to-face* (oppure *facebook-to-facebook!)*; che la socialità giovanile appare anche instabile e a-finalistica e a-progettuale. Queste caratteristiche sono effetto dei processi socioculturali in atto nella società post-moderna, tra cui quello di de-individualizzazione e di de-comunitarizzazione[24].

Come i *Social Network,* anche i *blog* sono una componente importante del Web e, anzi, possono essere creati e svilupparsi poi con un vita propria. Come già accennato in nota 6, si tratta di *contenitori* all'interno dei quali tutti possono annotare pensieri, opinioni e sensazioni su argomenti di varia natura. I *blog* possono essere personali o creati dalle aziende e messi a disposizione degli utenti. Ciò che contraddistingue un *blog* da una pagina Web è l'impostazione verticale dei commenti che gli utenti riportano in ordine cronologico di inserimento. Nei *blog* si discute, ci si confronta, si aggiungono notizie e informazioni sul tema della discussione, ma anche si segnalano link di altri *blog* e di altri gruppi di discussione per approfondimenti e ricerche.

I *blog* sono uno spazio di grande *appeal* (attrazione, richiamo) per il mondo degli adolescenti e dei giovani: possono dare corpo ai loro pensieri, riunirsi, ritrovarsi, sviluppare idee e farle evolvere in una sorta di evento di comunicazione estesa ad altri utenti.

Questo spazio dedicato all'espressione dei pensieri e delle opinioni dei giovani deve però essere regolato e protetto da malintenzionati che potrebbero utilizzare le informazioni pubblicate per violare la privacy dei ragazzi e fare cattivo uso delle informazioni raccolte.

Per evitare spiacevoli inconvenienti, è preferibile utilizzare sempre password sicure per gli accessi ai *Social Network* e ai *blog*, non rendere pubbliche informazioni o immagini riservate o con riferimenti troppo personali. Il punto di contatto tra questi due "fenomeni del Web" sta proprio nella possibilità di usare

---

[24] Cfr. S. MARTELLI, *op. cit.*

i *Social Network* come aggregatori per *blog* che, al pratico, non vuol dire altro che farsi conoscere, creare una rete di contatti nel settore, ecc.
Un esempio lampante è la rapida ascesa di programmi di messaggistica istantanea di massa (o *micro - blogging*, che dir si voglia) come *Twitter*[25].

La filosofia di partenza del *Twitter* era quella di aggiornare una comunità di sconosciuti o semi tali sul proprio status: non più di 280 caratteri per descrivere cosa si sta facendo o pensando in quel momento.
Tralasciando per ora la tipica inclinazione *vojeristica* degli utenti, che fa sì che per le prime ore si rimanga rapiti e incuriositi "dagli affari degli altri", ci si concentra subito sull'utilità reale del *Twitter*: segnalare un nuovo *post*[26] nel proprio *blog*.

Ecco che il *blog* delle visite sale improvvisamente, i commenti agli articoli si susseguono. Per la maggior parte dei *blog* personali l'effetto è a breve termine, mezz'ora e torna il deserto. Fino al prossimo *post*.

La volontà di rendere la propria vita (o parte di essa, magari accuratamente selezionata) di dominio pubblico attraverso l'utilizzo dei blog, risponde a un preciso bisogno emotivo soddisfabile con questa forma di autodeterminazione sociale.

In un'intervista di Diego Motta al decano degli informatici accademici Gianni Degli Antoni, il professore, alla domanda su come si può rispondere alla sfida educativa che, tramite la rete, le nuove generazioni stanno lanciando, dice che la ricetta è quella della cooperazione e collaborazione. Un adolescente che naviga online risponde in fondo ad un bisogno di libertà... per conoscerlo e incontrarlo, bisogna pensare a un percorso che porti il più in fretta possibile dal virtuale al reale[27].

E allora la domanda di base: qual è questo bisogno di libertà che i giovani hanno? Perché vanno cercando in siti come *Facebook. Twitter* ecc. luoghi

---

[25] www.twitter.com
[26] Breve messaggio sul proprio status personale
[27] Cfr. D. MOTTA, *Libertà e regole. Le sfide di internet*, in "Avvenire", 7 ottobre 2009

virtuali per farsi conoscere e mettersi in “alto”? Cosa manca alla nostra società non virtuale ma umana che i giovani non trovano?

Mi chiedo ancora se l’esporsi in modo molteplice su diversi *Social Network*, creando profili diversi e in diverse *community*, possa portare una crisi d’identità “virtuale”. Mantenere vivi più profili contemporaneamente (si pensi che un utente medio attivo su internet ha almeno un proprio blog, un profilo *badoo, my space* o *facebook*, un album su *flickr* e *youtube* in condivisione con il resto del mondo) deve necessariamente cedere il passo a una scarsa coerenza?

Per ora la risposta sembra essere una: tutte le reti sociali che ho cercato di nominare, tendono ad integrarsi fra di loro con applicazioni in comune, link, ecc.

### *Integrazione: via di comunicazione*

Integrazione è proprio la parola d’ordine con cui si stanno facendo strada i *Social Network*: un esempio banale potrebbe essere il notare come la rapida ascesa di *youtube*[28] (editor di video personali) sia dovuta proprio al fatto che sia utilizzabile in tutto e per tutto su servizi affermati come *myspace*, e simili.

Sembra quasi impossibile mentire, proprio in virtù di questa relazione di fondo che impone coerenza a ogni utente di *Social Network*. Ciò che si evidenzia piuttosto sono i molteplici aspetti di una persona, che portano a credere di conoscere qualcuno solo perché si legge il suo *blog* e si guardano i suoi svariati profili con foto.

In quest’ottica una delle applicazioni che si sono fatte sicuramente strada nel 2008 (una potenziale *killer application* del web 2.0 per il 2008) è *spock*[29].

*Spock* è un vero e proprio *people search engine*, che collega tutti i profili creati sui vari *Social Network* mettendo ordine nelle decine di profili creati dagli utenti.

Essendo in forte espansione proprio in questo momento, potrebbe fare la

[28] www.youtube.com

[29] www.spock.com

differenza sul modo di intendere i motori di ricerca, fino a diventare il diretto concorrente di *Google*[30] nel campo della ricerca delle persone.

Una rete così fitta, che con i suoi rami si interseca e si dirama dentro il mondo del Web 2.0, sembra essere l'evidente dimostrazione della teoria dei sei gradi di separazione, ovvero l'ipotesi secondo cui qualunque persona può essere collegata a qualunque altra attraverso una catena di conoscenze con non più di 5 intermediari.

Se mai ci possa essere un momento storico (essendo la teoria nata nel 1929) nel quale chiunque possa sentirsi parte integrante dei sei gradi di separazione, è sicuramente identificabile in questi anni di dominio delle reti sociali.

Questi *spazi virtuali*, hanno sì qualcosa di "reale", perché percepiti dai sensi come tali, ma in verità sono "irreali", perché si tratta di simulazioni costruite dagli strumenti informatici e telematici: non sono quindi realtà materiali, ma «digitali» costituiti da cifre di codice numerico.

La Rete, quindi, può accogliere al suo interno anche riferimenti a realtà religiose reali, ma pure entità che non hanno alcun tipo di riferimento reale (numerosi sono infatti i casi di associazioni, parrocchie e altri tipi di organismi, che esistono solo online).

Tra gli spazi religiosi occupati nel virtuale possono essere individuate delle caratteristiche che li distinguono[31]:

- *Vetrine di realtà religiose reali.* Qui rientrano ad esempio il sito ufficiale della Santa Sede[32] che contiene pagine web di tutti i dicasteri, propone materiali e

---

[30] www.google.com

[31] Cfr. A. SPADARO, *Dio nella «Rete». Forme del religioso in internet,* in "La Civiltà Cattolica" 152 (2001) III, 15-27.

[32] Il sito: www.vatican.va, ha ufficialmente iniziato a lavorare, il 30 giugno 1997; e in un solo anno di vita, si contavano già sette milioni di contatti da 50 Paesi diversi. Infatti, il sito propone un percorso multimediale, e disponibili in formato elettronico contiene tutti i documenti pontifici e magisteriali. Ad oggi, maggio 2007, i contatti sono inquantificabili. L'evento del Giubileo del 2000 è stato importante per la diffusione del sito, delle principali notizie e dei vari documenti. Poco prima che si aprisse il sito Papa Giovanni Paolo II, si è fatto spiegare le basi tecniche del funzionamento del sistema; ha subito capito le dimensioni tecniche e culturali, che il potente mezzo poteva avere, e chiese come mai la Santa Sede non fosse ancora lì, si aspettava una decisione che spettava a lui, "Si faccia", questa la sua risposta. È stato difficile inserire la grossa mole di documenti del Vaticano, ma con diversi aggiornamenti si è riusciti a raggiungere una buona qualità e navigabilità del sito, inizialmente un po' lento.

documenti anche in originale. Ci sono poi vetrine di parrocchie e diocesi[33], il sito della Conferenza Episcopale Italiana[34], che offre un panorama completo delle realtà cattoliche del Paese, contiene documenti e raccolte di testi, iniziative, numeri telefonici utili e indirizzi, diocesi e parrocchie ed è anche dotato di un valido motore di ricerca. Ci sono molti ordini e congregazioni religiose che hanno propri siti, come i gruppi di impegno ecclesiale, i movimenti e le associazione ecclesiali. La lista con i siti cattolici in Italia[35] non è un semplice elenco, ma contiene anche appelli, progetti, proposte, offerte e altre informazioni. Ci sono altre religioni mondiali con dei siti, ma anche delle sètte e culti di ogni genere che utilizzano questo potente mezzo.

- *Aperture virtuali di realtà reali.* Questi siti sono vetrine Web di realtà presenti nella realtà. L'Ordine religioso, che si incarna in persone o istituzioni, ha la sua interfaccia in Rete. Ci sono poi realtà concrete che aprono uno spazio virtuale in Internet; come accade nel mondo non religioso, con la necessità di formare persone a distanza, anche nel mondo religioso, si manifesta la necessità di aprire *forum*, liste di posta elettronica, *chat*, per creare situazioni più agevoli per l'incontro. Ci sono anche delle biblioteche consultabili a distanza[36]. Agenzie e servizi informativi per il pubblico, delle varie Chiese e religioni, organi di formazione interna, e bollettini di gruppi[37], associazioni, sètte, che trovano fedeli in varie parti del mondo.

- *Realtà religiose unicamente virtuali.* Dato che la Rete permette la nascita di realtà non materiali, bisogna riconoscere il proliferare di realtà religiose unicamente virtuali, che non hanno alcun referente nella realtà *offline*, in luoghi, istituzioni o gruppi. Esistono gruppi di preghiera virtuali, spontanei o legati a monasteri e biblioteche esclusivamente virtuali al servizio della pastorale. Si può

---

[33] www.parrocchie.org

[34] www.chiesacattolica.it

[35] Il sito www.siticattolici.it, ha superato nel dicembre 2005 i diecimila siti registrarti, dimostrando lo slancio e la vitalità dell'impegno dei siti cattolici con i media del nostro tempo, e la creatività degli operatori della pastorale; dice che: «Internet è un modo per essere Chiesa nel terzo millennio».

[36] www.urbs.vatlib.it.

[37]Uno fra i tanti, *Medjugorje Press Bullettin*, citato in P. APOLITO, *Internet e la Madonna. Sul visionarismo missionario in Rete*, Milano 2002, p.34

anche accedere a documenti, testi storici, documenti teologici, immagini, rinvii a siti di interesse religioso e altro ancora; il tutto per fornire uno strumento utile all'arricchimento e allo sviluppo della pastorale. Senza muoversi da casa è possibile raggiungere una notevole quantità di informazioni.

Navigando in internet è facile imbattersi in milioni di elementi legati alla religione e al sacro. Persino il noto mensile inglese di spiritualità cristiana contemporanea *The Way,* presente anche in internet all'indirizzo *www.theway.org.uk*, titola un articolo *God in cyberspace*[38].

Se poi si intraprende una ricerca in *Google* si trova un numero elevatissimo di siti, di articoli e di riviste che ruotano intorno all'argomento religioso. L'interesse degli internauti per la spiritualità, per il sacro e per le materie religiose, anche se non legate a specifiche confessioni, è rivelato pure dal tipo di domande rivolte a questo motore di ricerca mondiale. "*Who is God* (chi è Dio)?", "*who is Jesus* (chi è Gesù)?", "*who is satan* (chi è satana)?", sono state tra le domande più frequenti rivolte nel 2007 dagli internauti, come risulta dal rapporto annuale sulle parole più ricercate, pubblicato da "*Google Zeitgeist*". "*Who is God?*" occupa addirittura il primo posto.
C'è persino una comunità cristiana che esiste solo in Rete, nata intorno alla figura carismatica del pastore Charles Henderson[39], che ha costituito la prima chiesa del Web (*The Church of All People*, come egli stesso la definisce), all'indirizzo *www.godweb.org/sanct.html.*

Non sempre tuttavia il binomio religione-Internet rappresenta in maniera chiara e indiscutibile una genuina ricerca di spiritualità, o di Dio. La Rete si evolve come un organismo, senza controllo, si espande e si autorganizza al di là di ogni forma di strutturazione gerarchica o di selezione previa di contenuti, come avverte il gesuita Antonio Spadaro, esperto studioso del fenomeno religioso in Internet. Egli fornisce anche alcuni riferimenti grazie ai quali è

---

[38] Il sito *Finding God in cyberspace, A guide to religious studies resources on the internet*, a cura di J. L. GRESHAM, è una fonte molto ricca di conoscenze sul fenomeno religioso in Internet e fornisce interessanti informazioni sul rapporto con il Web di quasi tutte le religioni che si conoscono.
[39] www.mediamente.rai.it/home/tv2rete/mm992000/001101/2n001101.htm. Documento consultato il 12 febbraio 2010.

possibile reperire informazioni su un certo genere di siti dove, a suo giudizio, il sacro viene snaturato. È impossibile costruire una mappa dei siti dove il religioso è mercificato, banalizzato o vissuto in forma settaria o morbosa. Un elenco è reperibile in *http://www.kassiber.de/cults.htm.*

Uno di questi siti che ha anche una pagina in italiano è, ad esempio, la chiesa di *Subgenius*[40], che officia i suoi riti virtuali e ordina ministri del culto al prezzo di 30 dollari. Ben presenti anche in *Scientology*[41]. Hanno finestre in rete anche culti nordici di venerazione razziale, votati a pericolose «guerre sante» (il centro Wiesenthal ne ha contati oltre 2.000).

Circa il satanismo esiste persino un motore di ricerca[42]. Non si contano siti dedicati a religiosità pagane, celtiche e mediterranee o a divinità dei tempi antichi e ai cicli della natura e riti affini[43].

Ma nella Rete s'incontra anche una ricerca genuina del sacro. Marco Menicocci, nel suo studio *La rete delle Religioni*, scrive: «Presentata sovente come il dominio di squallidi peccatori, la Rete ospita invece un gran numero di credenti e di fedeli attivamente impegnati in senso religioso. È possibile scoprire che, via modem, cattolici dialogano con satanisti ed ebrei, con fondamentalisti islamici e che il dialogo sulle fedi e tra le fedi corre in internet. Le comunità dei fedeli on-line crescono a ritmo giornaliero: migliaia di persone pregano insieme sulle chat religiose, discutono dei problemi legati alla propria parrocchia o aprono virtualmente la loro anima a un prete al di là dell'oceano, utilizzando lo schermo del computer come una nuova grata di confessionale»[44].

L'Autore rileva il fatto curioso che lo sviluppo di tematiche religiose sia affiorato per lo più dal basso, in maniera spontanea, su iniziativa dei singoli utenti, e senza alcun piano di insediamento nel cyberspazio predisposto da parte delle chiese, le quali, anzi, si sono rese conto delle possibilità di Internet con un

---

[40] www.subgenius.com

[41] Per una lettura critica cfr. http://xenu.comit.net/txt/pesca.htm. Documento consultato il 3 febbraio 2010.

[42] www.satansearch.com

[43] Cfr. http://www.circlesanctuary.org. Documento consultato il 18 dicembre 2009.

[44] Cfr. M. MENICOCCI, *La Rete delle Religioni*, in *Storiadelmondo*, n. 33, 28 marzo 2005, www.storiadelmondo.com. *Storiadelmondo* è un periodico telematico di Storia e Scienze Umane.

certo ritardo e non senza preoccupazione: *Chat room* dedicate ad argomenti spirituali, *mailing list* su temi religiosi, richieste di preghiere scambiate per *e-mail* e violente polemiche dottrinali e morali su *newsgroup* specifici dedicati a singole religioni hanno iniziato a diffondersi sulla base di interessi e motivazioni del tutto individuali.
Si è manifestata una grande richiesta di informazioni su temi e problemi di carattere religioso, morale e spirituale, che ha stimolato una rapida crescita di Web specializzati su questi temi, realizzati da singoli credenti per iniziativa personale e senza alcun rapporto diretto con le chiese di appartenenza. Si tratta in genere di persone che intendono partecipare alla religiosità e spiritualità nei loro propri termini, termini non necessariamente coincidenti con quelli delle dottrine ufficiali e delle religioni istituzionali[45].

Attingiamo ulteriori informazioni e riflessioni dallo studio attento e rigoroso di Antonio Spadaro. Egli nota come la Rete può accogliere al suo interno sia riferimenti a realtà religiose reali sia ad entità che non hanno alcun referente reale in istituzioni o persone. Come già detto, vi si trovano anzitutto vetrine di realtà religiose reali. Molte religioni mondiali, più o meno note, comprese le sètte e i diversi culti, hanno costruito siti provvisti di notizie, testi sacri e altro. Vi sono però anche aperture puramente virtuali di realtà che esistono realmente: è possibile che un'istituzione formativa apra una «classe virtuale» di catechesi. Accade sempre più spesso, anche e soprattutto nel mondo giovanile, che le persone debbano essere formate a distanza per problemi logistici e di tempo, e così comincia a non essere tanto infrequente che gruppi e realtà ecclesiali si incontrino in spazi virtuali quali forum, liste di posta elettronica, *chat* o *virtual room* dedicate, in modo da poter creare situazioni più agevoli e continue di incontro. Nessuno si dà appuntamento in una sala «reale», ma tutti sono in contatto, e spesso contemporaneamente, in maniera virtuale[46].

---

[45] *Ibidem*.
[46] Cfr. A. SPADARO, *op. cit.*

Vi sono inoltre attività virtuali di istituzioni accademiche e di biblioteche consultabili online; agenzie e servizi informativi delle varie chiese e religioni, oltre che degli organi di informazione interna (ad esempio bollettini) di movimenti, gruppi, associazioni, sètte, che trovano adepti nelle parti più diverse del mondo. Gli strumenti telematici permettono la creazione di aperture virtuali di realtà reali che non siano soltanto "vetrine" e molti siti-vetrina contengono al loro interno queste forme di apertura o comunque consentono di accedervi.

Nella Rete possono poi nascere e proliferare realtà religiose unicamente virtuali prive di referenti in luoghi, istituzioni e gruppi reali. La Rete, non avendo limiti o censure ideologiche, permette la diffusione di qualunque idea o di qualunque credo praticamente a costo zero.

Ci sono alcune realtà virtuali che rispecchiano realtà reali senza divenirne una pura interfaccia Web, come il sito *www.vidimusdominum.com* dei giovani membri di Ordini e Congregazioni religiose, il quale dà forma virtuale a una comunità che non ha una dimensione "reale" e visibile. Vi è persino una forma di vita religiosa – non ufficiale – che ha una presenza solo virtuale: l'OMFSI (*Ordre monastique des frères et soeurs par l'internet*). Si trovano inoltre biblioteche esclusivamente virtuali, gruppi di preghiera virtuali, spontanei o legati a monasteri o ad altre istituzioni.

Ancora: in Rete si trovano anche metafore di luoghi dotati normalmente di una dimensione religiosa o sacra: cyber-cimiteri, dove si possono persino accendere lumini virtuali o lasciare messaggi, cyber-cappelle, forme di cyber-celebrazioni per le quali si è ipotizzata anche una sorta di "computer-altare" o una specie di "telepresenza reale", cyber-case di esercizi spirituali e così via. Il computer diventa così il mezzo per accedere ad uno spazio di preghiera virtuale[47].

---

[47] *Ibidem.*

Ma come navigano i giovani nel mondo del sacro? Spadaro individua tre modalità di navigazione:

**a)** una specie di consultazione "televisiva" o minimamente interattiva. Il televisore fornisce immagini e non è possibile un'interazione diretta tra chi sta al di là dello schermo e chi sta al di qua. Esistono anche siti che presentano animazioni e spettacoli; è possibile inoltre fruire di alcuni programmi televisivi (come nel caso di TV2000) tramite streaming video, o scaricare musica, ascoltare la radio e costruire un proprio personale palinsesto;

**b)** entrare in comunicazione virtuale unidirezionale,

**c)** o in interazione virtuale bi - o multi - direzionale. In questo caso la Rete svolge il suo compito più proprio: connettere e permettere scambi reciproci tra persone in maniera interattiva:

- "sincrona", ad esempio per l'insegnamento/catechesi a distanza o per incontri di gruppo o per momenti di preghiera tra persone che vivono in varie parti del pianeta o che talora professano addirittura fedi differenti;
- "asincrona", principalmente per *forum*, *newsgroup* e *mailing list.* La Rete permette la creazione di legami nuovi tra le persone e la realizzazione di riunioni di gruppi virtuali e altre iniziative con un coinvolgimento costante. Alcuni monasteri, anche di clausura, usano questi mezzi per ricevere richieste di preghiera (anche da parte di persone non praticanti o "lontane" dalla fede) o di dialogo spirituale.

Nella Rete si nota una crescita di bisogni spirituali che la religione tradizionale riesce a soddisfare solo in minima parte. Secondo alcune statistiche, il 25% dei giovani internauti userebbe la Rete almeno una volta alla settimana in cerca di risposte ai propri interrogativi religiosi, e per quasi il 50% dei giovani che navigano la religiosità è qualcosa di «importante».

Spadaro osserva come il ragazzo alla ricerca di Dio si può sedere davanti a uno schermo ed entrare in Internet. Navigando lo sguardo è orientato dal tatto: il mouse è guidato dalla mano, la quale quindi guida anche lo sguardo. Egli si domanda quali effetti avranno sull'esperienza del sacro la conoscenza che passa dal visivo al tattile e la dimensione interattiva. L'opinione di Spadaro è alquanto impietosa e forse non del tutto condivisibile: occorrerebbe disporre di dati reali relativi ai percorsi di navigazione – cosa praticamente impossibile se non attraverso un sondaggio ad amplissimo raggio – per potersi pronunciare con qualche fondamento.

La possibile futura direzione è lo sviluppo di una sensibilità «neo-gnostica». È la mano a guidare e gestire la visione in una logica di «apparizione», che può non essere senza conseguenze in un contesto di self service dell'anima. In tal modo ci si illude che il sacro o il religioso sia «a portata di mouse»: basta un click per passare da un sito di neo-stregoneria a quello di un'apparizione mariana, oppure da un tempio neo-pagano a un sito di cristiani tradizionalisti.

La Rete, proprio grazie al fatto che è in grado di contenere tutto, facilmente può essere paragonata a una sorta di grande supermarket del religioso (che è dunque «mercato», con tutte le conseguenze di tipo economico del caso: promozione e vendita di oggetti, diete, servizi di culto, musica, gadget, immagini, consulenze e truffe di vario genere), in cui è possibile trovare ogni genere di «prodotto» religioso con grande facilità: dalle riflessioni più serie e valide alle religioni che una persona annoiata si inventa per gioco e ai nuovi «messia». Ciascuno può attingere dalla Rete non secondo reali esigenze spirituali, ma secondo bisogni – talvolta anche indotti – da soddisfare[48].

Egli passa quindi ad analizzare alcune delle motivazioni che spingono un giovane a cercare il "sacro" in Internet. Un primo bisogno sembra essere il «benessere spirituale», a prescindere domande sui valori o sui significati profondi della vita.

L'Autore rileva come stia emergendo una "spiritualità" che ha i tratti dell'esperienza multimediale e iper-testuale. Si tratta della spiritualità delle cosiddette "cybereligioni" o "religioni di rete": il neopaganesimo, il tecnopaganesimo, il tecnosciamanesimo, il tecnobuddismo, i culti ecologici

[48] *Ibidem.*

tecno-spirituali. Internet è infatti anche incubatrice di forme nuove di religiosità che considerano la Rete come uno "spazio sacro". Ma è proprio osservando questi siti che è anche possibile cogliere il profondo bisogno di Dio che c'è nel cuore umano, «seppure vissuto in maniera spesso alienante e distorta. La Rete dunque è spazio di discernimento e di missione: evaderla significherebbe venir meno a una sfida impegnativa e importante[49]». Tuttavia – continua – ci si illude che il sacro resti «a disposizione» di un «consumatore» nel momento del bisogno. Il cristiano, in realtà, non è mai un «consumatore di servizi religiosi», e il cristianesimo si auto comprende come portatore di un messaggio, quello della morte e risurrezione di Cristo, resistente alle assimilazioni e «scandaloso». Una presenza cristiana in Rete deve far leva dunque su questa resistenza, sul fatto che la parola del Vangelo scuote, non serve semplicemente a «far star bene» e, al contrario, rischia sul serio di mettere in crisi le coscienze, cioè di «far star male[50]».

La Rete può essere anche luogo di dialogo spirituale. Navigando è possibile che si realizzi un contatto tra persone in ricerca o tra fedeli di religioni differenti; si possono incontrare membri di sètte (talora anche sataniche) o simpatizzanti di spiritualità new age. È il tipo di rapporto che si crea in Rete che spinge a stringere queste relazioni. Si tratta di un rapporto che presenta elementi contradditori. È anonimo e impersonale, ma forse proprio per questo può diventare molto confidenziale e sfociare addirittura in un vero accompagnamento spirituale anche al di fuori dello schermo, nella vita reale.

Infine, la Rete può anche aprire al dialogo interreligioso e teologico, o per lo meno favorirlo: l'articolazione critica e la mediazione del sapere della fede, che è il compito primo della teologia, si realizza sempre in un contesto di pensiero, di linguaggio, di immagini, di cultura e dunque di «comunicazione»[51]. La Rete realizza una mutazione nel modo di vivere le istanze di comunicazione

---

[49] *Ibidem.*
[50] *Ibidem.*
[51] Cfr. GIOVANNI PAOLO II, Lettera Enciclica *Redemptoris Missio*, in "Enchiridion delle Encicliche" (a cura di) E. LORA – R. SIMIONATI, Bologna 1998, 37c

e di comunione. Pensiamo alla comunicazione costante tra persone che lavorano a una stessa idea e che però abitano in varie parti del mondo e non si conoscono personalmente. Esse realizzano tra loro, se entrano in relazione forte, una sorta di «coscienza comune». Ciò certamente ha ricadute in ambito teologico, tanto più se la comunicazione avviene tra persone che per cultura e formazione usano metafore, immagini e linguaggi differenti per dire Dio e la fede[52].

[52] *Ibidem.*

# Capitolo II

## La Teologia e la Comunicazione

### MINISTERO ECCLESIALE

S. Agostino affermava: «Per mezzo di uomini e alla maniera umana Dio parla a noi, perché parlando così si cerca»[53]. Una tale affermazione mi sembra un punto di partenza interessante per parlare di due discipline in apparenza così diverse l'una dall'altra. Nella concezione agostiniana, dunque, è chiara l'idea di un Dio che si serve dell'uomo e del suo linguaggio, della parola "alla maniera umana" per comunicare con la sua creatura. Dio comunica attraverso la parola ma questa comunicazione è, per Agostino, una ricerca.

Può apparire strano che Dio abbia scelto uno strumento così fragile e per molti versi ambiguo come la parola, per comunicare, per agire nella storia. Avrebbe certamente potuto scegliere uno strumento più valido ed efficace. Eppure è proprio in questa debolezza che egli mostra la sua forza mettendo in marcia la libertà dell'uomo.

Dio non agisce nella storia da solo, come nella creazione, ma dialogando con libertà dell'uomo. Questo rende Dio, Signore della storia, e l'uomo, essere concreto nella storia, la quale diventa, grazie alla divina comunicazione, storia di salvezza per tutta l'umanità.

Dato tale presupposto, è interessante, prima di addentrarmi nel discorso *teologia e comunicazione*, analizzare la realtà linguistica giovanile.

Collocando lo studio del linguaggio giovanile all'interno dello studio dei *Social Network*, visto come un insieme di varietà di lingue, si considera il linguaggio dei giovani come una di tali varietà. In un'ottica sociolinguistica, infatti, il linguaggio giovanile viene studiato in rapporto alle dimensioni di variazione della lingua. In particolar modo emerge che la dimensione di

---

[53] Cfr. AGOSTINO DI IPPONA, *De civitate Dei* 17, 6, 2 (*La Città di Dio* [D. GENTILI ed.], voll. I-III, in *Opera omnia di S. Agostino*, edizione bilingue V/1, Roma 1978-1991)

variazione che principalmente marca tale linguaggio è quella *diafasica*. Risulta, infatti, che il linguaggio giovanile sia in primo luogo la particolare varietà di lingua utilizzata dagli adolescenti e post-adolescenti in specifiche situazioni, in particolar modo nelle relazioni di *peer- group*[54], caratterizzate da grande informalità.

Alcuni studi definiscono il linguaggio giovanile come la varietà di lingua utilizzata, in maniera più o meno ampia e costante, ma quasi esclusivamente nelle relazioni di *peer-group*, da adolescenti e postadolescenti (*teenagers*). La fascia d'età interessata (11-19 anni) è quella caratterizzata, dal punto di vista linguistico, dal passaggio del linguaggio infantile alla competenza linguistica 'adulta' e, dal punto di vista psicologico, dalla costruzione dell'identità di sé, con lo spostarsi dei modelli di riferimento e di comportamento dalla famiglia al gruppo dei coetanei".

È stato constatato, infatti, che per comunicare nel modo più efficace con i giovani, Internet, ma anche la stampa, ne adotta il linguaggio, comportando l'ingresso di elementi tipici del linguaggio parlato nella comunicazione scritta. La nascita di un nuovo tipo di scrittura avente molte caratteristiche tipiche dell'oralità ha avuto una spinta determinante in anni recenti con la CMC *(Computer Mediated Communication)*, in particolar modo chat e e-mail, e con il diffuso utilizzo degli SMS attraverso i telefoni cellulari. Attraverso tali strumenti, infatti, gli utenti, molti dei quali giovani adolescenti, hanno trovato un nuovo modo di entrare in comunicazione diretta e semi-sincrona, in grado di superare limiti spazio-temporali, trasferendo alcune caratteristiche tipiche del dialogo faccia a faccia in una nuova forma di scrittura. L'esito di tale fenomeno è stato il rafforzamento del linguaggio giovanile scritto.

Assieme ai giovani, però, è possibile recuperare positivamente le notevoli risorse mediali del nostro tempo[55], tra cui i *Social Network*. «...è uno strumento per svolgere un'attività utile e i giovani devono imparare a considerarlo e usarlo

---

[54] Gruppo di coetanei

[55] CONFERENZA EPISCOPALE ITALIANA *Comunicazione e Missione. Direttorio sulle comunicazioni sociali nella missione della Chiesa*, 2004, in Enchiridion CEI, 79

come tale. Nel *cyberspazio*, come in ogni altro luogo del resto, i giovani possono essere chiamati ad andare controcorrente, a esercitare controcultura, perfino a subire persecuzione per il vero e per il buono»[56]. È necessario garantire ai più giovani, in presenza di una vorticosa accelerazione dei tempi e di una rovinosa perdita del passato e della memoria, la possibilità di entrare in contatto con le proprie radici, la propria eredità culturale e il senso vivo della tradizione[57].

La teologia della comunicazione è la riflessione teologica dell'agire credente dei singoli e della comunità cristiana. Essa non è a se stante, ma ha lo stesso oggetto formale della Teologia Pratica *(Teologia Pastorale)* ovvero la fede nell'ottica dell'azione attraverso la prassi ecclesiale. Questo significa che l'approccio non è teorico, ma risiede nella prassi credente dentro il contesto Chiesa-Mondo a partire da una prospettiva teologica secondo il principio dell'incarnazione (il quale definisce il modo con cui Dio opera nella storia della salvezza: salva l'umano attraverso l'umano. Questa è una legge costitutiva e costante della salvezza).

Questo ci garantisce reciprocità e asimmetria:

- Reciprocità: in quanto si colloca tra le scienze umane e lo sguardo teologico.
- Asimmetria: perché c'è sempre un'estroversione, un'eccedenza dovuta al dato della fede.

Prima di poter parlare di Teologia della Comunicazione (o della Rivelazione) occorre approfondire i concetti di Teologia e Comunicazione con le affinità e i vari conflitti. Lo spunto per tale riflessione nasce dal presupposto che essendo la comunicazione una realtà estremamente complessa ma nello stesso tempo autonoma, non può essere riassorbita da altre discipline e in particolare dalla teologia; ciò però non significa che non possa fornire a queste

[56] PONTIFICIO CONSIGLIO DELLE COMUNICAZIONI SOCIALI, *La Chiesa e Internet*, in Enchiridion Vaticanum, 11.
[57] PONTIFICIO CONSIGLIO DELLE COMUNICAZIONI SOCIALI, *Etica nelle comunicazioni sociali*, in Enchiridion Vaticanum,16.

un notevole contributo, sia a livello di metodo, sia a livello di principi, sia a livello di riflessione teoretica[58].

## LA COMUNICAZIONE

Ogni definizione dell'argomento risulterà parziale o limitata, perché potrà mettere in luce solo una delle tante sfaccettature del problema[59]. Avendo la possibilità di analizzare i molti studi sulla comunicazione si vedrebbe chiaramente come non esista una sola via da percorrere, ma tante vie, ognuna con differenti caratteristiche.

La prima caratteristica è proprio la grande quantità di modi che abbiamo per comunicare, con la prima elementare differenza tra comunicazione verbale e non. La comunicazione non verbale fornisce ad esempio ciò che nel linguaggio delle comunicazioni viene chiamato *feedback*, cioè la comprensione da parte di chi lancia il messaggio, di come gli altri decodificano tale messaggio e di come la comunicazione viene usata quale rafforzativo del lungi aggio verbale o, talvolta, come suo sostituto.

Esistono altre caratteristiche della comunicazione, come quella tran-spaziale o trans-temporale, unilaterale, bilaterale o multilaterale, diretta mediata o sensoriale[60], su cui non mi soffermo altrimenti mi allontanerei da questo studio.

Come si può intuire, la comunicazione può essere considerata da molti punti di vista. Alcuni studiosi parlano di una prospettiva della comunicazione come "situazione"[61], in cui il nostro referente è l'esistenza dell'uomo di relazionarsi con l'annuncio della salvezza, attraverso i grandi contenuti teologici. Le strade sono state, e sono tutt'ora, molteplici ed in tutte queste vie, orali, scritte, virtuali

---

[58] Cfr. P. CAPPELLI, *Proposta per un itinerario,* in A. JOOS. *Messaggio cristiano e comunicazione oggi*, Negrar (Vr) 1988, p. 88

[59] Cfr. A. JOOS, *Messaggio cristiano e comunicazione*, Casale Monferrato 1986, pp. 98-101

[60] Cfr. K. STEINBUCH, *La comunicazione*, Berlino 1977, p.2

[61] Cfr. M. C. CARNICELLA, *Teologia e comunicazione: affinità e conflitti*, in "Ricerche Teologiche", 1992/1, p. 169.

o figurative, la teologia raccoglie i vari contenuti affinché essa diventi realmente una *via* comunicativa per l'uomo di ogni tempo. Tenterò di tracciare tre tappe significative dal punto di vista storico, di questa "via comunicativa".

## *La comunicazione: storia della via comunicativa*

### – *Il primo millennio*

Se guardiamo le raffigurazioni iconografiche del cristianesimo delle origini, del periodo imperiale, di quello romano-barbarico e di quello bizantino, notiamo come il *Buon Pastore*, il *Maestro*, il *Basileus* sono i tre principali tipi iconografici con i quali è raffigurato Cristo. Il messaggio è indirizzato a dei recettori estremamente bisognosi di protezione e di sicurezza. Guardando tali raffigurazioni emerge chiaro come la figura di Cristo, o quella dei suoi rappresentanti, sia al centro dell'attenzione dell'intera rappresentazione, e ci viene suggerita l'idea che si penda dalle labbra dell'evangelizzatore, del catechista, del celebrante, di colui cioè che è portatore del messaggio di salvezza di Gesù Cristo.

In questo primo periodo, la sacralità del mezzo orale, nella comunicazione della Parola di Dio, è assolutamente prevalente, anche se si rendono via via più rilevanti sia il riferimento scritto, sia il riferimento alla liturgia solenne, grande e vera educatrice delle masse romane e barbariche della nuova Europa.

La predicazione in questo periodo è ricca di varietà delle forme, ossia di significati, ma appare povera e primitiva la "tecnologia" dei mezzi di comunicazione. Tale carenza di mezzi permette l'emergere, davanti alle folle, del promotore qualificato della comunicazione: il testimone[62].

[62] A tal proposito si pensi ai grandi testimoni - annunciatori come Paolo e Apollo, Origene, i Cappadoci, Ambrogio, Crisostomo, Agostino, i papi Leone e Gregorio, ai predicatori e missionari Patrizio, Bonifacio, Cirillo e Metodio.

– ***Il Medioevo cristiano***

Dall'inizio del secondo millennio (XI-XII sec.) si delinea, nella comunicazione della Parola all'interno della Chiesa occidentale, una prima rottura di base, rottura piena di altre crisi e lacerazioni.

Come rivelano gli studiosi di questo periodo, si assiste ad una Chiesa che tenta di difendere una letterarietà della forma, custodisce l'integrità della Scrittura e perciò della sua lingua tardiva, a differenza dei movimenti ereticali che custodiscono una letterarietà dei contenuti, e quindi l'irrilevanza della lingua-forma, e ne chiedono provocatoriamente una verifica.

Nella situazione creatasi dopo il Mille, entra in crisi prima di tutto la comunicazione tra i promotori (chierici e religiosi) e recettori (laici), che entrano in concorrenza fra loro. I primi si fermano su una difesa ad oltranza di significati, i secondi si lanciano alla conquista di nuovi significati. Da ciò consegue che entrano in crisi e iniziano a trasformarsi gli stessi elementi del circuito kerygma, catechesi, omelia, entrando in rimescolamento di forma e di sostanza, e l'emergere di tipi originali, come il sermone tematico, caratteristico del nuovo ambiente universitario, e la predica popolare, che si esprime decisamente nella lingua volgare, sia sulla bocca dei chierici e religiosi, sia, ancor più spesso, su quella dei laici, "ortodossi" (come S. Francesco d'Assisi) o "dissidenti" (come Pietro Valdo).

Nasce in questo contesto una nuova "spettacolarità" che fa uscire la ritualità liturgica dalla chiesa sul sagrato, dando avvio a manifestazioni di teatro sia popolare che dotto ed altre mille forme di devozione. Usando termini moderni, possiamo dire che è tutta multimedialità tecnologica del tempo ad entrare in gioco, e a rielaborare a modo suo forme, contenuti e personaggi.

– ***Dal XV secolo ad oggi***

Solo alla fine del medioevo si impone nella Chiesa il tipo e il metodo della predicazione missionaria di massa. Questo perché, negli ultimi secoli, il cristianesimo è dovuto passare attraverso il tumulto delle riforme religiose, delle guerre di religione, delle rivoluzioni economiche, tecnologiche, sociali e politiche più radicali, adattandosi a convivere con l'emergenza e la scristianizzazione sempre più rapida e diffusa.

In una situazione così configurata, promotori e recettori della predicazione non sono più in stretta dipendenza l'uno dall'altro come avveniva per il primo millennio, ma tendono al distacco più totale. Emerge allora una nuova e drammatica stagione di predicazione missionaria *ad extra* e *ad intra*, una nuova evangelizzazione che comporta forme rinnovate di annuncio, di catechesi, di omelia e di sermone, di apologia, di controversia. Simultaneamente gli stessi circuiti strumentali si rendono sempre più raffinati e complessi, con le invenzioni della stampa, della riproduzione dei suoni e delle immagini, con l'arrivo del cinema, della radio, della televisione e di Internet.

Sul livello dei contenuti-significati, la proposta della fede è costretta a rincorrere il mutare continuo degli interessi e delle preoccupazioni di élite e di massa. La rivoluzione antropologica pone i problemi dell'antropologia teologica; agli attacchi anticlericali si risponde con l'ecclesiologia; allo storicismo e al consumismo si risponde con la storiologia della salvezza[63].

In questa prospettiva occorre prima definire i concetti di base e cioè la comunicazione stessa e la teologia, per poi passare ad esaminare le obiezioni che possono sorgere ad un discorso di *inter-relazione* tra le due e la possibilità di contestazione a tali obiezioni. Naturalmente si tratta di un discorso che non si vuole porre come risolutivo, ma come provocativo e che perciò più che fornire delle risposte definitive vuole invitare ad indirizzare l'attenzione e far nascere degli interrogativi in questo ambito di ricerca.

[63] Cfr. G.F. POLI - M. CARDINALI, *La comunicazione in prospettiva teologica*, Leumann (TO), 1998, p. 54

Ci chiediamo anzitutto: che cos'è la comunicazione? Tutti comunichiamo e per esperienza tutti sappiamo cosa significa comunicare. Gli studiosi individuano in essa varie caratteristiche, diversi settori, svariate qualità. Abbiamo una comunicazione parlata e non parlata, trans-spaziale o trans-temporale, unilaterale, bilaterale o multilaterale, diretta, mediata, sensoriale, ecc. Possiamo dire che essa è un processo, ma poi ci rendiamo conto che può anche porsi come azione o delinearsi come situazione o può essere le tre cose simultaneamente. La comunicazione è una componente essenziale del mondo creato: in linguaggio teologico possiamo affermare che il fatto, l'esperienza, la pratica della comunicazione, appartengono alle realtà terrene. La comunicazione ha quale soggetto agente e protagonista l'uomo o gli uomini che comunicano. E' conseguentemente, una realtà terrena, ma più vicina alle realtà culturali che a quelle meramente naturali, più caratteristica della storia umana che della creazione cosmica. Non possiamo immaginare l'uomo senza la comunicazione, né, tantomeno, è possibile pensare il progresso storico dell'umanità senza la comunicazione.

In senso etimologico la parola "comunicazione" deriva da un'antichissima radice sanscrita *com* con il senso di "mettere in comune", successivamente evoluta nel latino *communis (comune)* composto dall'unione di *cum (insieme)* e *munis (obbligazione, debito, dono)*. Vi è dunque in questa parola un elemento che richiama la reciprocità, il vincolo collettivo, in ultima analisi il sentimento fondante del vivere sociale: si nota immediatamente che si tratta della stessa radice della parola "comunità" e non a caso i due termini ricorrono spesso assieme. "Comunicare" significa quindi anche "condividere" e la comunicazione può essere considerata perfino come uno dei rituali attraverso i quali riproduciamo costantemente il "collante" della società. Concepire la comunicazione come *communis*, come condivisione, rappresenta un ritorno all'uso che per secoli si è fatto di questa parola: pensiamo alla comunicazione nel senso antico di "comunione eucaristica" del cristianesimo[64].

Se consideriamo la comunicazione dal punto di vista del processo, facciamo riferimento a quel momento in cui una certa informazione che fa parte del patrimonio interiore dell'emittente (idee, sentimenti, dati di coscienza, stati d'animo), viene in qualche modo oggettivata tramite la scrittura, la parola, l'immagine e con una certa intenzione (conscia o inconscia) inviata a un ricevente che in qualche modo assorbe questa informazione come parte del suo patrimonio personale.

Se invece consideriamo la comunicazione come azione, andiamo a prendere in esame il fatto che una certa informazione viene inviata dall'emittente al ricevente, non più attraverso un qualcosa oggettivato e delimitato ma attraverso un progetto operativo nel quale la comunicazione passa, in primo luogo attraverso la mobilità corporale e in secondo luogo attraverso i risultati che si ottengono tramite le azioni.

Se invece la prospettiva è quella della comunicazione come situazione, il nostro referente è l'esistenza dell'uomo in un mondo in cui ci sono altre persone con le quali inevitabilmente entra in relazione con l'espressione del volto, con il modo di vestire, con l'essere in un luogo invece che in un altro. La nostra realtà fisica è espressione agli altri di ciò che noi siamo e ci rende partecipi come di un flusso di comunicazione da cui non possiamo estraniarci.

Pertanto, se cerchiamo di darne una definizione tipologica possiamo poi evidenziare che la comunicazione può essere di tipo interiore: l'essere umano stabilisce una comunicazione con se stesso ed è attraverso questo dialogo interiore che progredisce nella conoscenza di se stesso e nella ricerca di una soluzione ai suoi problemi personali.

La comunicazione, se la definiamo in base a un criterio funzionale vediamo che: essa serve ad informare (è alla base del raccoglimento di quelle notizie e

[64] Cfr. www.wikipedia.org. Documento consultato il 12 marzo 2010.

di quei fatti che ci mettono poi in grado di comprendere la realtà in cui siamo situati), a permettere la socializzazione tra gli uomini a perseguire gli obiettivi che ogni uomo e ogni gruppo si propone, a promuovere le scelte personali, a fornirci la chiave d'accesso alla discussione e al dialogo, a permettere la divulgazione del sapere e in questo modo a contribuire alla formazione delle persone, a stimolare l'immaginazione individuale e collettiva che è alla base di ogni forma di progresso, a rendere possibile per l'uomo il divertimento (sport, musica, danza), a vincere la solitudine[65]. La conseguenza di tutto ciò è che in quanto oggetto di ricerca scientifica essa deve necessariamente porsi come un'area multi-disciplinare e inter-disciplinare. Il suo orizzonte di connotazione in realtà si definisce come un orizzonte aperto, poiché coincide con quello dell'uomo stesso. Perciò nel momento in cui andiamo a focalizzare la nostra attenzione sulla comunicazione dobbiamo prendere coscienza del fatto che possiamo assumere una prospettiva, toccarne alcuni aspetti, ma sempre tenendo presente che ciò avviene all'interno di un insieme che alla stessa maniera dell'ameba cambia continuamente la sua forma e ingloba tutto ciò che è inglobabile dell'essere uomo per proiettarlo poi in un processo dinamico di tensione alla trascendenza del Mistero.

---

[65]Cfr. COMMISSIONE INTERNAZIONALE DI STUDIO SUI PROBLEMI DELLA COMUNICAZIONE NEL MONDO, *Comunicazione e società oggi e domani*, Torino 1982, pp. 38-39.

# Capitolo III

## La Teologia e la Comunicazione

### LA TEOLOGIA DELLA COMUNICAZIONE O DELLA RIVELAZIONE

Lo stesso termine "rivelazione" indica la manifestazione tra Dio che esce dal suo *mistero* e l'uomo che viene salvato e trasformato in un dialogo d'amore con lui. Tale processo comunicativo, tuttavia, risulta talmente complesso ed articolato che non a caso il Concilio Vaticano II ha usato il termine patristico "economia" per definirlo[66].

Per la Teologia della comunicazione, il comunicare è nella sua essenza un Mistero: il mistero di un *io* che si apre al mistero di uno o più *tu*; il mistero di un *io* che si scopre come qualcosa di più di semplice materia, come capace di trascendere quelle coordinate definite che lo limitano: lo spazio, il tempo e l'aprirsi all'infinito, attingendo da esso. In questo senso il Mistero dell'Incarnazione di Cristo è fondativo per la fede cristiana: Dio ha comunicato attraverso il suo Figlio Gesù nella nuova Alleanza il suo progetto di salvezza. Il comunicare di Dio è in stretto rapporto con il comunicare dell'uomo nell'oggi della storia.

Il termine *rivelazione* deriva etimologicamente dai vocaboli latini *revelare*, *revelatio*, che significa *togliere un velo*, svelare qualcosa che è nascosto alla vista. Nel contesto religioso vuole indicare la manifestazione di Dio e dei suoi decreti, velati alla ragione umana. Come attività personale di Dio, la rivelazione si può ben definire un gesto d'amore tramite il quale il Signore viene incontro all'umanità ed entra in contatto con l'uomo per dialogare con lui e chiamarlo all'obbedienza della fede, in ordine ad una comunione di vita. La rivelazione si presenta anzitutto come storia salvifica, che ha incluso una grande diversità di mezzi di comunicazione.

---

[66] Cfr. M. C. CARNICELLA, *Comunicazione*, in *Dizionario di teologia fondamentale*, 199-206

Per la teologia della comunicazione, possiamo dire che in quanto alla Comunicazione intratrinitaria, mai l'uomo sarebbe riuscito a scoprire l'intimità di Dio se questo non si fosse manifestato o rivelato. Per questo motivo è necessario riferirsi alla rivelazione per cercare e per conoscere i fondamenti trinitari della comunicazione. Il Dio della fede cristiana si è rivelato - come proclama il Concilio di Toledo (675) - come un Dio trinitario, nel quale coincidono l'unità e la pluralità, un solo Dio e tre Persone, il Padre, il Figlio e lo Spirito Santo[67]. Questa verità che conosciamo fin dal catechismo non è indifferente per una teologia della comunicazione: al contrario, ne costituisce la base dottrinale[68]. Solo a partire dalla comunicazione intratrinitaria si può comprendere il progetto di comunione e comunicazione che definisce la vocazione dell'umanità secondo la fede cristiana; solo a partire dalla comunione intratrinitaria si può comprendere il valore e il significato della comunione umana.

Il Dio cristiano non è un Dio solitario e isolato: è uno, ma non è solo. È un Dio trinitario, comunitario, nel quale esistono simultaneamente tre persone implicate in modo essenziale. La comunione è un rapporto caratteristico delle persone: solo gli esseri personali si possono unire, aprirsi gli uni agli altri ed essere uno per tutti; in ciò consiste la comunicazione. L'unione tra le tre Persone divine non sopprime la differenza e l'individualità di ognuna di esse; anzi, l'unione presuppone la differenza. Per la comunicazione reciproca le tre Persone costituiscono l'unico Dio-amore[69].

Il Dio della rivelazione giudeo-cristiana non è solo un Dio comunitario. L'amore del Padre, del Figlio e dello Spirito Santo, come affermava Adrienne von Speyr, è così ampio da comprendere il mondo intero[70].

La teologia della comunicazione è azione della Chiesa attenta al dato di fede, ma anche al dato delle scienze umane ed in particolare delle scienze delle

---

[67] Cfr. H. DENZINGER – P. HÜNERMANN (a cura di), *Enchiridion Symbolorum, Definitiorum et Declarationum de rebus fidei et morum (DH)*, Bologna 2009[40], 530

[68] Cfr. A. PASQUALI, *Comprender la communiciòn*, Caracas 1979, p. 109

[69] Cfr. J. RATZINGER, *Introduzione al cristianesimo*, Brescia 1986[8], p.121

[70] Adrienne von Speyr come è citato da J. MOLTMANN, *La chiesa nella forza dello Spirito. Contributo per una ecclesiologia messianica*, Brescia 1976, p.89

comunicazioni. La teologia della comunicazione si occupa in modo diretto specifico dell'agire clericale. Essa non si occupa della TV, di Internet, ma dell'azione ecclesiale in un tempo fortemente caratterizzato dalla presenza dell'azione dei media[71].

## *La comunicazione nella prospettiva della fede*

In accordo con quanto detto fin qui, la teologia della comunicazione è un discorso sulla comunicazione nel suo rapporto con Dio o con l'esperienza religiosa. È un discorso sulla comunicazione nella prospettiva di Dio, della fede, della rivelazione. Questa è la prospettiva che rende veramente teologico il discorso sulla comunicazione.

La teologia della comunicazione può essere catalogata, conseguentemente, in una serie di teologie applicate che sono sorte nella seconda metà del XX secolo. Più concretamente, a partire dal Concilio Vaticano II è fiorita la cosiddetta teologia delle realtà terrene. L'obiettivo della teologia della comunicazione consiste nell'analizzare e nel valutare il fenomeno della comunicazione alla luce della fede, della rivelazione: in relazione con Dio. La teologia della comunicazione abbraccia due aspetti complementari: quello discendente e quello ascendente. Il discorso teologico discendente assume, come punto di partenza, alcuni presupposti teologici per illuminare e comprendere il valore e il significato teologico della comunicazione. È un discorso sulla comunicazione umana a partire da Dio e dalla sua rivelazione. San Paolo ci testimonia questo fatto nella sua lettera ai Romani, quando scrive: «Infatti le sue perfezioni invisibili, ossia la sua eterna potenza e divinità, vengono contemplate e comprese dalla creazione del mondo attraverso le opere da lui compiute» (Rm 1,20). L'uomo è sempre tentato di "smantellare" la cultura separando ambedue

[71] Cfr. M. C. CARNICELLA, «Chiesa e scienza delle comunicazioni sociali», in "Ricerche Teologiche", 1992/2, p. 132

le realtà, in maniera di "de-umanizzare" il Dio divenuto uomo come Dio fuori dal mondo, relegandolo nel cielo[72].

Il discorso teologico ascendente prende come punto di partenza l'esperienza umana della comunicazione, per approfondire e comprendere meglio alcune affermazioni centrali della teologia. È un discorso su Dio a partire dall'esperienza e dalla pratica della comunicazione umana.

Oggi risulterebbe impossibile per la Chiesa realizzare la propria vocazione missionaria senza utilizzare i moderni mezzi di comunicazione sociale.

Nel corso della sua storia la Chiesa ha avuto un'apertura positiva nei confronti dei mezzi di comunicazione, mettendo in risalto la sua capacità di rendersi vitale nello sforzo che ha compiuto per adattare la testimonianza evangelica e il suo annuncio alle forme culturali e ai mezzi di comunicazione offerti dal momento storico specifico.

Nel Medioevo le devozioni e le rappresentazioni sacre divennero una forma efficace di istruzione religiosa e morale. Il Rinascimento vide meravigliose opere artistiche. Nel XV secolo ebbe inizio l'era della stampa con Gutemberg[73].

Alla fine del XIX secolo, l'atteggiamento della Chiesa fu caratterizzato dal distacco o dal minimo di interesse settoriale per ciascun mezzo di comunicazione particolare, interesse legato soprattutto alla possibilità di utilizzazione o non di questi strumenti da parte dei cristiani. Possiamo però dire che la reazione della Chiesa fu essenzialmente di tipo difensivo[74].

L'uso di questi mezzi era visto con una preoccupazione moralistica, apologetica e conservatrice. Tutto questo perché i mass media venivano spesso utilizzati per criticare apertamente la Chiesa.

Nella *Vigilanti Cura* di Pio XI (29 giugno 1936) troviamo un accenno di apertura riferito al cinema definito nel documento un dono divino.

Ad assumere un atteggiamento favorevole esplicito fu papa Pio XII che articolò i suoi preziosi insegnamenti sulla comunicazione sociale, nella enciclica

---

[72] Cfr. P. POUPARD, *Condividere la nostra esperienza di Dio,* Roma 1995, pp. 14-16

[73] Cfr. E. SANTOS, «Comunicazione», in *Dizionario di Pastorale giovanile*, Torino 1989, pp. 165-166

[74] Cfr. G. PEREZ, *La comunicación Social e Iglesia*, Bogotà 1983, p. 67

*Miranda Prorsus* (8 settembre 1957). Egli permise la diffusione a livello ecclesiale della positiva visione che i mezzi di comunicazione rappresentavano un mezzo per la diffusione della cultura e se usati in modo corretto potevano divenire oggetto di promozione umana. Inizia così un processo inverso a quello iniziale. All'interno del mondo ecclesiale c'è un uso massiccio e indiscriminato dei mass media: giornali, radio, filmati, ecc.

Con la sua speciale attenzione per i problemi dell'uomo moderno, è stato il Concilio Vaticano II a fare oggetto della sua riflessione il tema della comunicazione, sviluppandola nella costituzione pastorale *Inter Mirifica* (4 dicembre 1963). È la prima volta nella Chiesa che un Concilio ecumenico discute sugli strumenti della comunicazione sociale. Con questo decreto viene addirittura creata la terminologia nuova di "comunicazione sociale[75]". Tale documento fu accolto con grande ottimismo in quanto la Chiesa adunata in Concilio ecumenico si dichiara «disponibile per l'assunzione ufficiale e impegnativa di un argomento che aveva conosciuto misconoscenze, sospetti, rigetti pressoché costanti[76].

Nella *Inter Mirifica*, al numero 23 è richiesta la pubblicazione di una istruzione pastorale per l'applicazione dei principi conciliari e delle norme sugli strumenti di comunicazione sociale. Tale Istruzione fu elaborata dalla Commissione pontificia per le telecomunicazioni sociali e pubblicata da Paolo VI il 27 maggio 1971 col titolo di *Communio et Progressio*.

Essa è considerata la *Magna charta* della comunicazione cristiana, caratterizzata da un approccio alla comunicazione e alla Chiesa più positivo, professionale e concreto. Dal punto di vista dottrinale, alla base c'è il prendere atto che sia la comunicazione che la comunione si collocano all'interno del piano salvifico divino. La comunicazione e la comunione poi, pur essendo nettamente distinte l'una dall'altra, sono però poste in relazione. La

[75] Cfr. F. J. EILERS - R. GIANNATELLI, *Chiesa e Comunicazione Sociale. I documenti fondamentali*, Torino 1996.
[76] Cfr. R. ESPOSITO, «Gli strumenti della comunicazione sociale e l'evangelizzazione» in *Evangelizzazione nel mondo contemporaneo*, Roma 1974.

comunicazione è considerata una realtà fattuale - sociale in sé religiosamente e moralmente neutra[77].

Il fine della comunicazione risulta quindi la comunione e gli strumenti della comunicazione sociale devono essere usati per aumentare la comunicazione e la comunione fra gli uomini. Prendendo però spunto dalla situazione attuale, si vede come non sempre comunicazione e comunione siano proporzionati l'uno all'altra. È questa la sfida reale dei cristiani nel campo dei mass media: fare in modo che si verifichi il salto di qualità che porta dalla comunicazione alla comunione: *«La comunicazione e il progresso della società umana costituiscono lo scopo primario della comunicazione sociale e dei suoi strumenti, quali la stampa, il cinema, la radio e la televisione»*[78].

In ultimo. C'è da evidenziare che nella *Communio et Progressio* vengono indicati i modelli teologici ai quali i cristiani possono e devono fare riferimento per la comunicazione sociale.

In conclusione, l'innovazione tecnologica ha consentito, nei primi anni del XXI secolo, lo sviluppo dei cosiddetti "nuovi media elettronici"[79]: dalla TV via satellite, fino all'epoca *crossmediale*, dalla telefonia integrata ai social network. Da questo punto di vita i giovani del XXI secolo, possiedono delle caratteristiche tutte loro. Il meccanismo di filtro e di interpretazione attraverso cui i messaggi passano, è condizionato da una molteplicità di nuovi fattori fra i quali, non ultimo, è la grande innovazione tecnologica che rende sempre più sofisticato il nostro modo di comunicare e i nostri mezzi di comunicazione. Tali fattori devono essere tenuti in considerazione da chi annuncia il messaggio cristiano, per fare in modo che esso non diventi un messaggio lanciato nel vuoto, e ancor peggio, un messaggio che ha perso ogni significato per l'umanità attuale.

---

[77] Cfr. E. BARAGLI. «Strumenti della comunicazione sociale», in *Nuovo Dizionario di Teologia*, Roma 1982, p. 1587

[78] PONTIFICIO CONSIGLIO DELLE COMUNICAZIONI SOCIALI, Istruzione pastorale *Communio et progressio* sugli strumenti della Comunicazione Sociale in "Enchiridion Vaticanum: documenti ufficiali della Santa Sede", I, Bologna 1966, 1.

[79]Cfr. V. E. LIMBURG, *Etica dei media elettronici*, Torino 1996, p.45

Nell'ambito di una teologia pastorale della comunicazione è importante mettere in evidenza il punto di partenza. Molte volte esso consiste in una questione importante o un problema che nasce dentro l'ambito della comunicazione. Altre volte, invece, il punto di partenza è una riflessione teologica sulla comunicazione che genera un programma pastorale, una strategia e degli obiettivi. In entrambi i casi il punto di vista preciso è la teologia pastorale e l'orizzonte è quello della comunicazione. Una teologia pastorale della comunicazione è particolarmente indirizzata alla realtà della prassi comunicativa. Questo è qualcosa di diverso dai punti di partenza precedentemente esaminati, più sistematici e teoretici.

La teologia pastorale è infatti, una branca della teologia pratica che si propone di comprendere le implicazioni della fede per l'attività pastorale della Chiesa in ogni momento. Ad essa fanno capo tutti gli sforzi, i compiti e le funzioni della Chiesa che determinano la sua globale attività pastorale[80].

Questa branca teologica cerca, quindi, di dare espressione, all'interno della teologia, alle questioni e ai problemi sorti nella prassi comunicativa, nelle attività e nelle decisioni, riflettendo sulla Sacra Scrittura e sulla Tradizione per formulare gli obiettivi della comunicazione pastorale e i programmi per quanti comunicano e per le loro attività di comunicazione[81].

---

[80] Per esempio: i ministeri, la catechesi, la predicazione, la direzione spirituale, ecc.

[81] La metodologia di questi compiti potrebbe e dovrebbe comportare un'analisi dei modelli della Chiesa, degli stili di comunicazione che emergono nelle comunità cristiane locali, o delle forme culturali che si evolvono nella comunicazione popolare e nel linguaggio religioso, sempre intendendo stabilire principi per una comunicazione efficiente e significativa del Vangelo da parte della Chiesa.

# Capitolo IV

## Nuove prospettive pastorali nell'era dei Social Network

### PROPOSTE

Per una vera proposta di fede ai giovani, è importante anzitutto tener presente che bisogna incontrare i giovani dove vivono e di realizzare un annuncio di Cristo riconoscendo e valorizzando i nuovi linguaggi nella comunicazione del Vangelo. Obiettivi che interrogano particolarmente i consacrati e le consacrate impegnati nel servizio dell'evangelizzazione giovanile.

Quanto al metodo, insieme alle relazioni di base e al dialogo con esperti del mondo giovanile è utile menzionare le testimonianze di esperienze concrete di evangelizzazione da parte di associazioni, movimenti e congregazioni religiose, che hanno suscitato notevole interesse soprattutto per l'originalità delle proposte e la ricchezza di metodologia, a quanti hanno avuto modo di sperimentarle nel tempo.

Una finalità dei *Social Network* deve essere quella non tanto di passare dalla teoria alla pratica, ma dalla prassi ritrovare il filo di un progetto.

Su un sito come *Facebook*, ad esempio, è fondamentale mettere in evidenza quattro verbi presenti spesso nel Vangelo: *incontrare*, *comunicare*, *condividere* e *testimoniare*.

Questi sono i quattro verbi del cammino di fede da proporre ai giovani nell'era dei *Social Network*, in quanto è l'*incontro* con Gesù che suscita il racconto[82] e la testimonianza di fede. È così nella vita del credente di oggi, che testimonia la sua fede tramite il racconto degli incontri personali che lo hanno portato a Cristo. Il cristiano è, dunque, colui che vive un incontro personale con Dio in Gesù Cristo e lo traduce in racconto per altri.

---

[82] Vedi Lc 24. I discepoli di Emmaus

Gesù, dopo l'incontro, cammina con i due discepoli, *comunicando* con loro: li ascolta lasciando che raccontino la loro esperienza, crisi e delusione; fa loro delle domande per farsi «dire da loro la sua vita!». Poi passa a *condividere* con loro la parola di Dio e la mensa, mettendoli alla prova perché si possano aprire loro gli occhi della fede. Infine, sparisce dalla loro vista lasciando spazio ad una fede che vede e ad una gioia che chiede "senza indugio" di essere *testimoniata*; ecco il loro ritornare a Gerusalemme in questa sorta di «re-inserimento ecclesiale» in cui l'incontro si fa racconto di un'esperienza di salvezza.

Una Parola, questa, assai significativa anche per la nostra realtà pastorale, visto che la fede dei due discepoli parte da Gerusalemme, se ne allontana delusa e vi ritorna carica di gioia dopo l'incontro. La stessa parabola di tanti giovani che iniziano il cammino di fede in parrocchia, poi se ne allontanano dopo aver ricevuto i sacramenti dell'iniziazione cristiana, infine ritornano sui loro passi – almeno ci si prova… – quando hanno fatto esperienza di un incontro personale con Cristo.

Come e dove incontrare i giovani?

Rimane fondamentale personalizzare i percorsi formativi stando accanto al singolo giovane (o alla piccola *web-community* - comunità virtuali) e investendo il tempo con loro.

Il luogo privilegiato per incontrare questi giovani non è semplicemente il "muretto" o la discoteca, il centro commerciale o, ahimè, la parrocchia.

Oggi è il "muretto virtuale" dei *Social Network* il luogo dell'incontro.
Ma è soprattutto «il cuore dell'apostolo»; è lì che nasce tutto, poi si sviluppa il "come". Bisogna metterci il cuore, la passione, perché la domanda identitaria del giovane poggia ancora sulla richiesta religiosa: «bisogna tornare a proporre la fede ai giovani (anche se è difficile!)».

***Esempi di nuove esperienze pastorali***

Mi piace riprendere, come esempi da imitare, alcune esperienze che alcuni aggregazioni laicali e religiose hanno voluto mettere in pratica per edificare il Regno di Dio.

La prima esperienza è quella di *Nuovi Orizzonti*, una comunità sorta nei primi anni 90 sulla scia dell'esperienza di Chiara Amirante con i giovani barboni e tossici della stazione Termini di Roma. Essa prosegue il suo servizio con diversi tipi di pastorale di strada, dalle missioni settimanali all'animazione mensile e all'evangelizzazione di strada, dalle scuole di evangelizzazione all'esperienza *"una luce nella notte"*[83].

Passando dalla strada alla scuola, un'altra bella esperienza è quella dei giovani missionari degli Oblati di Maria Immacolata, che svolgono un percorso di sensibilizzazione e di evangelizzazione giovanile nell'ambito scolastico. Si tratta di un progetto che tenta di mostrare ai ragazzi, l'altro volto del Sud del mondo, quello positivo che spesso è nascosto dal pregiudizio e dalla disinformazione.

Di taglio più sociale è il progetto *Compagni di strada* dell'Associazione *FuoriDellaPorta*[84] per il disagio adolescenziale, che definisce le "unità di strada" come una «presenza ecclesiale continua» nei luoghi in cui i giovani (dai 14 ai 18 anni) vivono e la necessità di liberare il concetto di "strada" da un'accezione eccessivamente negativa.

Ultima esperienza, con un taglio dalla testimonianza gioiosa, è quella del movimento dei *Focolarini*[85], che ha un particolare progetto – rivolto a bambini e ragazzi di ogni provenienza che abitano il nostro territorio – *ColoriAMO la città*, tutto improntato alla gioia di amare e di accogliersi nelle diversità. *«Solo con*

[83] www.sentinelledelmattino.org/it/una-luce-nella-notte.html. Documento consultato il 7 marzo 2010. Per una panoramica su questa ed altre esperienze di evangelizzazione nei luoghi informali cfr. l'approfondimento in *Settimana* 24/05 pp. 8-9.

[84] www.fuoridellaporta.it

[85] www.focolare.org

*l'amore si conquista il cuore della gente»* è lo slogan dell'iniziativa, e l'incontro con il mondo della sofferenza diventa uno snodo molto importante.

Ma, in base a queste esperienze "di strada", come comunicare la proposta cristiana ai giovani di oggi sui *Social Network*? Con quali competenze e conoscenze da parte di educatori e religiosi annunciare il Vangelo?

Quella dei giovani che abbiamo davanti è una *generazione X* (nel senso di contraria, eccessiva, ipotetica, proibita, sperimentale, veloce, nascosta) che li differenzia profondamente da quella degli adulti. Questa "generazione altrove" si colloca in una pluralità di luoghi, è estremamente flessibile e dinamica perché corre sul *digitale*, tanto da potersi definire anche *cyborg*.

La virtualità, la Rete, non è più solo uno strumento di conoscenza e di rapida comunicazione, ma diventa per questi giovani un «luogo dove esserci», dove vivere, dove farsi trovare, magari con una pluralità di identità da mostrare o nascondere all'occorrenza. E la Rete, con le sue vetrine in cui apparire, modella e struttura le personalità di questi giovani con la sua assenza di un centro, di un assoluto attorno al quale ordinare una gerarchia di valori e di realtà.

Di fronte a questa realtà virtuale *policentrica*, che assorbe sempre più i giovani, è del tutto inefficace porsi di fronte a loro con proposte pastorali che presuppongono una mentalità *unicentrica*, cioè modellata intorno ad un unico centro, un assoluto e un percorso privilegiato. Così non si incontra la mentalità del giovane, che è una mentalità policentrica perché basata su più centri in contemporanea.

Ma allora cosa possiamo fare per comunicare con questi giovani e trasmettere loro il messaggio evangelico? Bisogna essere "più *testimoni* che maestri", cioè vivere coerentemente quei valori che si professano perché i giovani – che hanno molti valori – sono particolarmente sensibili all'autenticità di coloro che si propongono come guide o modelli (ed è per questo che - forse - non amano i politici!).

Infine, vanno rivisti tutti quei "cortocircuiti" comunicativi che, nella liturgia come nella pastorale, creano dissociazione tra significante e significato, cioè dissociano il segno dal suo significato.

Un esempio eclatante è il sacramento della cresima che confrontato con il rito della *Bar mitzvah*[86] ebraica è celebrato più o meno alla stessa età ma cambia il suo aspetto educativo. Al cresimando si racconta che con questo sacramento diventerà adulto e testimone della fede; poi però, una volta fatta la cresima, non gli si da mai la Parola, non lo si considera veramente adulto affidandogli delle responsabilità; contrariamente al "figlio della legge" ebraico che, dal giorno in cui celebra le sue "nozze con la Parola", può veramente alzarsi di sabato e prendere la Parola in sinagoga.

Allora, come e cosa proporre a giovani per formarli alla spiritualità cristiana? Partendo dalla considerazione sulla quasi totale assenza di una "socializzazione religiosa" tra i giovani d'oggi, bisogna puntare su una proposta formativa che presenti la fede come "rischio" e non come "sedativo", la Chiesa come una realtà "inquieta", cioè dinamica e non burocratica o fossilizzata, che soffre con le persone che soffrono e percorre la via della *bellezza*, della *compagnia* e della *semina*.

Anche il mondo dell'affettività giovanile va vissuto con il coraggio di fare proposte alte ai giovani che passi anche attraverso l'educazione all'amore che è una dimensione fondamentale della formazione alla fede. Per questo c'è bisogno di una competenza aggiornata da parte degli educatori (religiosi e laici) su queste tematiche ed un sostegno concreto alla famiglia.

Infine, fondamentale è "ri-dire il Vangelo con le parole dei giovani del terzo millennio".

Assistendo oggi alla frattura tra la verità evangelica e il cuore del giovane post-moderno, nasce la sfida del ponte nuovo da costruire sulle arcate

---

[86]*Bar mitzvah* (בר מצווה, *figlio del comandamento*), *Bat mitzvah* per le ragazze, (בת מצווה, *figlia del comandamento*), è un termine per indicare il momento in cui un bambino ebreo raggiunge l'età della maturità (12 anni e un giorno per le femmine, 13 anni e un giorno per i maschi) e diventa responsabile per se stesso nei confronti della *Halakhah*, la legge ebraica.

dell'integrità e della spontaneità, della pienezza e della realizzazione, dell'identità e della relazione, per giungere – come i discepoli di Emmaus – a quel ri-conoscimento di Gesù da parte del giovane, a quella "apertura degli occhi" e del cuore che porta al calore dell'amicizia e al reinserimento nella comunità.

Il taglio necessariamente ecclesiologico di tutta la riflessione sull'azione pastorale non può prescindere dal *carattere globalmente comunicativo* dell'*essere* e del *fare* Chiesa.

Devono considerarsi definitivamente superati i tempi in cui comunicazione e azione pastorale si trovavano congiunti solo nell'esplicitazione di alcuni esercizi di funzionalità comunicativa da parte delle comunità (evangelizzazione, attività missionaria, processi di inculturazione, dialogo culturale *ad intra* e *ad extra*, predicazione, catechesi, accompagnamento spirituale, celebrazioni liturgiche) o nell'approfondimento di alcuni sotto-temi di interesse ristretto (opinione pubblica nella Chiesa, rapporto gerarchia-laicato, autorità e dissenso, rapporto magistero-teologia, collegialità, ermeneutica degli enunciati dogmatici, ecc.). Tutta la Chiesa è e fa comunicazione: la dimensione comunicativa appartiene alla struttura epistemologica (fondamentale) di ogni modello ecclesiologico, qualunque esso sia[87].

*Sicut in caelo et in terra:* è dunque sulla rivelazione "globale" di Dio che può essere ricalcato un rinnovato paradigma di comunicazione pastorale "globale". Lo stesso riferimento ad una "pastoralità" della Chiesa non può prescindere da quello stato "incarnazionale", dinamico e sempre potenziale, mediante il quale la comunità dei credenti contestualizza in maniera "globale" la propria identità ed esercita la propria funzione salvante e liberante, proprio sulla

[87] "La comunicazione non esprime soltanto un ambito della prassi ecclesiale: è una dimensione dell'essere e dell'agire della chiesa stessa. Non c'è niente nella chiesa che si possa precludere ad una elaborazione teoretico-teologica evoluta entro questa prospettiva" (BARTHOLOMÄUS, 1978: 166). Ancor di più, "si potrà comprendere l'importanza del tema della comunicazione soltanto se sarà chiaro che la chiesa non intrattiene dei rapporti e non produce degli effetti soltanto quando a questo mirano le sue intenzioni. Il suo agire comunicativo viene definito mediante l'effetto comunicativo, il quale però va riconosciuto ad ogni comportamento umano. E dunque impossibile non comunicare" *(Ibid.).* La Chiesa, struttura comunicativa in sé e non solo nelle sue funzioni, partecipa di quel processo di (auto)comunicazione con cui Dio si è voluto e vuole rivelarsi all'umanità (cfr. in questo senso Dulles, 1971).

base del modello divino. Come declinare, però, questo genere di interazione globale?

Si dovrà, in altri termini, offrire come *comunicazione "dimensionata* ", proporzionata cioè alle coordinate ed ai registri espressivi/recettivi dei giovani, capaci di farsi capire e di capire, di accogliere e di farsi accogliere. In funzione di ciò, dovrà necessariamente essere *plurivoca e plurale, strutturata e strutturale,* senza per questo smettere di essere *kairologica* (da kairos).

Dovrà rendersi capace di rimandare alla mediata immediatezza di un contatto con il divino, sempre prossimo eppure mai del tutto raggiunto, gustato ma mai "posseduto", contro ciò che invece propongono le facili utopie delle "nuove vie del Web". Si tratterà piuttosto di una comunicazione capace di accettare la totalità "infranta" del postmoderno, e soprattutto il *finito* come dono e compito: insegnerà quindi ad "abitare" il mondo, a non fuggire da esso, a rileggere le tracce dell'Assenza-Presenza di Dio nei sentieri della Rete, del tempo e della storia, anche in quelli più nascosti e dimenticati.

Si tratterà, insomma, di una comunicazione capace di trovare nell'umanità la grammatica della rivelazione divina e, proprio per questo, capace di porsi sempre più in "religioso ascolto" della "parola" del proprio essere storico per comprendere ogni comunicazione[88].

Un'orientazione teologica correttamente modulata sugli schemi della globalità implica l'urgenza di applicare alla comunicazione pastorale linee operative conformi alla sua natura multidimensionale. La prima esigenza cui occorre far fronte riguarda senza dubbio un'opportuna correzione dei *Social Network,* in ordine ad una comunicazione-scambio veramente interattiva. Ciò comporta, sul fronte pastorale, il bilanciamento degli schemi relazionali sulla base di criteri di reciprocità ed uguaglianza in dignità comunicativa. Solo in questi termini è veramente pensabile la progettazione di un'evangelizzazione rivolta ai giovani e l'interpretazione di un sistema di comunicazione nelle cui

[88]Per queste osservazioni ed altre simili, cfr. G. MAZZA, *La liminalità come dinamica di passaggio. La rivelazione come struttura osmotico-performativa dell'inter*-esse *trinitario,* Roma 2005.

variabili non risultino occultati, bensì piuttosto messi in risalto, i valori dell'interscambio simbolico, della libertà e creatività del consenso, del dialogo interattivo[89].

Parlare di *consenso,* in merito alla comunicazione legata all'evangelizzazione giovanile, è sempre stato considerato rischioso. In realtà, la "felice intesa" tra i soggetti - realizzata attraverso la costruzione condivisa del significato, negoziato ed articolato secondo codici comuni - è una condizione imprescindibile per evitare la "reificazione" costrittiva dei *partners* in relazione[90]. Deve essere ben chiaro che il fatto di comunicare pastoralmente non può semplicemente consistere in un processo di trasmissione preoccupato anzitutto di insinuare nell'animo proposizioni "vere". Entro limiti ragionevoli, tanto il linguaggio quanto il contenuto della comunicazione pastorale dovranno trovare nella situazione concreta (effettivo spazio comunicativo) dei due *partners* a confronto, la "fonte teologica" della propria conoscenza e conoscibilità.

Questa consapevolezza apre di fatto le porte alla rivalutazione della complessità intrinseca del fenomeno comunicativo, anche e soprattutto in ambito di catechesi ed evangelizzazione. E' qui che infatti si fa tangibile l'esigenza di una comunicazione a 360 gradi, in cui l'individuo sia davvero capace di organizzare "tutte le forme della sua estrinsecazione vitale", sfruttando "le sue possibilità cognitive (percezione, pensiero), emozionali (sentimento) e normativo - pratiche (azione, etica, diritto)"[91].

Non insisteremo mai abbastanza circa la necessità, per l'azione pastorale, di affacciarsi responsabilmente sulle sponde della comunicazione globale secondo un approccio definitivamente e genuinamente a misura d'uomo. Nell'era della "nuova oralità", l'azione pastorale della Chiesa ha il suo bel da fare nel garantire diritto d'asilo a quelle formule di predicazione del messaggio

---

[89] Cfr. W. BARTHOLOMÄUS, *La comunicazione nella chiesa. Aspetti di un tema teologico*, Roma 1978, p. 168

[90] *Ibidem*

[91] UFFICIO NAZIONALE PER LE COMUNICAZIONI SOCIALI SERVIZIO INFORMATICO, *Chiesa in rete 2.0. Atti del Convegno Nazionale*. Cinisello Balsamo (MI) 2010.

cristiano che per secoli sono state codificate quasi esclusivamente entro i protocolli della verbalità.

Le nuove sfide comunicative richiedono un impegno più audace e un investimento più creativo in nuovi moduli relazionali che includano, accanto alla codifica auditiva, un'analoga presa in carico dei canali della visualità e della tattilità. Ciò comporta, in altri termini, un'assunzione senza riserve dell'espressività umana "globale", non circoscritta solo a quei canali relazionali più facilmente riconoscibili per la loro plasmabilità comunicativa. E' un "dire" cui corrisponde un ascolto polisensoriale, avvolgente e totale: una parola "plurale" i cui centri di irradiazione si collocano in maniera speculare rispetto agli equivalenti nodi delicati della costruzione di senso propria della sensibilità postmoderna.

E', in ultima analisi, uno spazio di visibilità della Parola incarnata che, comunicata all'uomo, dalla carne stessa - dalla carne del cosmo, dalla carne della storia, dalla carne del Web - vuole essere riflessa in tutta la ricchezza del suo spettro diffusivo.

E' questa processualità di incarnazione, a mio avviso, la dinamica operativa più feconda per un'iscrizione dell'azione pastorale nei circuiti di utilizzo dei *Social Network.*

### *Alcuni suggerimenti ai giovani per navigare con attenzione*

Disinformazione. Questo il problema maggiore che emerge da un'indagine, effettuata su un campione di 2400 giovani utenti online attraverso il sito *www.sicurezzainrete7×24.org*, i cui risultati sono stati presentati al Viminale in occasione della Seconda Settimana Nazionale della Sicurezza in Rete 2009, dedicata ai *Social Network.*

Il rischio di abituarsi a tu intercambiabili, a stabilire collegamenti tra utenti delle reti, correndo sul filo delle comunicazioni tecnologiche più avveniristiche,

che ampliano la dimensione virtuale e riducono quella faccia a faccia sino a sostituire quella a questa.

Non si conosce il volto anonimo dei dominatori del tempo, ma si dà per scontato che occorre adattarsi per sopravvivere, cogliere al volo le opportunità, ridurre le comunicazioni a *post-it* [92] funzionali e superficiali ("spegnere il gas", "stendere i panni", "andare a riprendere il bambino da scuola"...), che iniettano atteggiamenti di sospetto diffuso cui corrisponde un agire strumentale e talvolta "doppio".

E' più facile andare d'accordo con il giovane distante mille miglia che col proprio fratello o con la propria moglie, con una ragazza che non s'incontra di persona, che con quella con cui si è costretti ogni giorno a fare i conti. Oltretutto il *tu* virtuale può essere "spento" quando disturba.

L'abitudine a relazioni intercambiabili e senza peso non può non produrre effetti di schizofrenia che si riproducono a cascata sugli altri.

Le nuove tecnologie sono un'enorme risorsa per gli individui: esse forniscono informazioni, permettono di attuare con maggior velocità compiti che precedentemente richiedevano tempi molto lunghi, facilitano lo scambio di idee ed esperienze. Oltre a fornire uno strumento valido in campo lavorativo, risultano essere una ricca fonte educativa e uno strumento di svago e distrazione soprattutto per i giovani.

In modo quasi profetico, McLuhan nel 1967 prevedeva il *fall-out* dei mezzi di comunicazione, in seguito all'eccessiva fiducia che in essi si riponeva. Egli si aspettava che gli effetti collaterali legati all'utilizzo di nuove tecnologie avrebbero ben presto attenuato l'entusiasmo e l'uso senza regole degli stessi[93].

Si inserisce perfettamente in questo contesto, quindi, un *decalogo* per guidare i giovani utenti dei *Social Network* su rotte di navigazione sicura, questo

---

[92] I *Post-it* sono dei foglietti di carta o altri materiali la cui caratteristica principale è essere semi-adesivi.

[93] A. DANESE - G.P. DI NICOLA, *Ragazzi Telematici. Indagine sui consumi mediatici degli adolescenti abruzzesi,* (a cura di, in coll. con E. SPEDICATO), Teramo 2004

per evidenziare in modo chiaro e schematico le insidie che si nascondo fra profili, foto, *tag*[94] e video condivisi.

I più giovani, fascia d'età che ha portato le *web-community* al successo odierno, si dimostrano estremamente poco consapevoli in merito alle questioni legate alle privacy e ai rischi che si corrono in rete.

Solo la metà, 51% per la precisione, è in grado di mettere al sicuro i propri dati personali e, percentuale preoccupante, solo il 22% del campione conosce tutti i propri amici virtuali. Il 61% è a conoscenza della possibilità di gestire la visibilità delle foto pubblicate su *Facebook* e simili. Il dato scende però al 53% se si considerano solo i minorenni, fascia più a rischio.

Inoltre, appena il 49% sa quali sono i dati in possesso dei *Social Network* mentre il 41% crede che questi ultimi non possano fare della pubblicità mirata in base al proprio profilo. Il che vuol dire che, spiegano gli esperti, che "*larga parte degli utenti non sono consapevoli di che cosa davvero condividono online, ma soprattutto che spesso queste informazioni sono a disposizione di estranei, con il rischio di finire vittime di malintenzionati*"[95].

Importante anche il ruolo dei genitori: il 54% dei ragazzi tra i 10 e i 14 ha *accettato* 'l'amicizia' di mamma e papà, percentuale che scende al 41% tra i 15 e i 18 anni, ma solo l'11% dei genitori ne approfitta per monitorare l'attività dei figli.

### *Il «decalogo» della sicurezza in rete*

**1. Attenzione all'identità:** nella vita reale, se qualcuno si "maschera" ce ne possiamo accorgere subito. In Rete è molto semplice assumere identità diverse da quella vera. È importante non dare mai indirizzi, numeri di telefono o altre

---

[94] *Tag* è una parola chiave o un termine associato a un "pezzo" di informazione (un'immagine, una mappa geografica, un post, un video clip ...), che descrive l'oggetto rendendo possibile la classificazione e la ricerca di informazioni basata su parole chiave.

[95] Cfr. http://www.quomedia.diesis.it. Documento consultato il 18 aprile 2010.

informazioni che ci rendano rintracciabili a persone che non abbiamo già incontrato nella vita reale.

**2. Pedofili nascosti:** se ci troviamo in un sito dedicato ai giovani e incontriamo un adulto, la prudenza non è mai troppa. Cosa ci fa un adulto sul sito dove si aiutano gli studenti a svolgere i compiti? Se viene contattato un ragazzo, esso faccia attenzione ai suoi dati personali e agli appuntamenti.

**3. Pornografia verbale:** esistono forum per ragazzi dove si discute sul sesso usando un linguaggio esplicito. In questi luoghi è più facile incontrare persone che hanno secondi fini, quindi è meglio evitarli.

**4. Appuntamenti al buio? No grazie:** molti ragazzi vogliono incontrare gli amici virtuali. Se anche un giovane ne ha desiderio, prenda appuntamento in luoghi molto frequentatati e si faccia sempre accompagnare. Infine non dimentichi di avvertire i suoi genitori o un amico su orario e luogo dell'incontro.

**5. Stalking:** se qualcuno ha il numero di telefono di un ragazzo, conosce il suo indirizzo di casa, sa dove va a scuola o in palestra, può usare questi dati per intromettersi in maniera molesta nella sua vita privata.

**6. Cyberbullismo:** in Rete è facile diventare bulli, non serve la violenza fisica. Un fotomontaggio che ridicolizza può far star male se visto da tutti, o cose del genere. Se si è vittima di questi comportamenti, bisogna segnalare gli abusi ai gestori del sito dove si trova il materiale.

**7. Furto di identità:** se un ladro ruba il passaporto, difficilmente potrà usare la tua identità. Ma se qualcuno conosce *username* e *password*, può usare indisturbato il nome e la faccia virtuali di chiunque. Perciò è bene usare *password* complesse (es. numeri e lettere) e impostare domande di "recupero password" a cui solo l'utente sa dare una risposta.

**8. Violazione della privacy:** le informazioni che riguardano una persona sono proprietà privata. Perciò se si trova una foto o un video che ci riguardano su internet, ma non si è d'accordo, si deve segnalare l'accaduto ai gestori del sito dove si trovano questi contenuti.

**9. Livelli di Privacy:** i *social network* permettono di scegliere le persone a cui mostrare il proprio profilo. È importante ricordarsi di impostare sempre i "livelli di privacy" affinché i dati personali non siano mai pubblici.

**10. Evasione dalla realtà**: esagerare con le relazioni virtuali rischia di isolare dal mondo reale. Evitare di stare troppe ore davanti al PC, perché esiste la vita reale!

## Conclusione

A conclusione di questo lavoro, vorrei ancora focalizzare l'attenzione su una considerazione di fondamentale importanza.

La teologia della comunicazione - mi sembra di poterlo dire - non può evitare oggi di avanzare una proposta di "domiciliarità" d'insieme per il messaggio globale di Dio verso l'uomo. I campi di applicazione in questo senso non mancano: dalla ritualità alla simbolica dell'interiorità, molti sono gli stimoli in ordine all'esigenza di (ri)attivare uno specifico livello di attenzione verso la ricchezza multidimensionale di quel messaggio il cui annunzio è al cuore dell'azione pastorale. Totalizzante il messaggio ricevuto, totalizzante l'annunzio da offrire, globale sin dalla sua divina origine e nelle sue umane declinazioni, la Parola comunicata equilibrandosi con la teologia della comunicazione, esalterà il delicato compito di essere sinergia "incarnata" tra l'autocomunicazione divina e il creato.

Nonostante gli sforzi di cercare una nuova via di comunicazione con gli altri uomini e con Dio, tutto ancora risulta imperfetto e non realizzato totalmente. Non basta, infatti, avere i mezzi di comunicazione tecnologicamente avanzati, perché la comunicazione abbia luogo.

Se siamo tutti d'accordo nell'asserire che è un errore immobilizzare i giovani di fronte ad un computer o alla TV dopo quanto sostenuto fino ad ora, non possiamo non essere d'accordo nell'affermare che è sbagliato fare lo stesso con i *Social Network*:

Il compito più importante di ogni educatore è formare i giovani a navigare in Rete con consapevolezza e senso critico; aiutarli nel discernimento come un bisogno urgente nel comprendere quando e quanto la *rete* aiuta la crescita umana e spirituale. Ad esempio in casa è importante che i genitori facciano di Internet un'attività di famiglia, mettendo il computer in salotto. Papa Francesco nella sua esortazione apostolica *Gaudete et exsultate* dice: *"Al giorno d'oggi l'attitudine al discernimento è diventata particolarmente necessaria. Infatti la vita attuale offre enormi possibilità di azione e di distrazione e il mondo le presenta come se fossero tutte valide e buone. Tutti, ma specialmente i giovani, sono esposti a uno zapping costante. È possibile navigare su due o tre schermi simultaneamente e interagire nello stesso tempo in diversi scenari virtuali. Senza la sapienza del discernimento possiamo trasformarci facilmente in burattini alla mercé delle tendenze del momento".*[96]

Questa sollecitazione del papa coinvolge tutti gli educatori ma in particolare aiuta i genitori a far si che osservino quello che fanno i figli: essi dovrebbero fare attenzione ai giochi, in particolare con gli adolescenti, che scaricano o copiano da Internet, poiché alcuni sono violenti o hanno un contenuto sessuale[97].

Paradossalmente, nell'era dell'informazione in tempo reale e delle grandi possibilità di comunicazione, a tutti i livelli, risulta veramente difficile comunicare. In una folle corsa contro il tempo facciamo persino fatica a comunicare i nostri sentimenti alle stesse persone con le quali viviamo. E questo accade in famiglia, nelle comunità religiose, a scuola, fra le forze politiche e perfino in seno alla stessa Chiesa. Anche nella comunicazione dell'uomo con Dio vi sono notevoli difficoltà, accresciute da una quasi paralizzante incapacità di aprirsi, di fidarsi dell'Altro e dell'infinito, incapacità che caratterizza l'uomo del XXI secolo.

Quali che siano gli sforzi fatti in questo senso c'è da dire, però, che la comunicazione perfetta tra Dio e l'uomo, non è qualcosa che riguarda questo mondo; essa, infatti, si realizzerà pienamente solo in un contesto escatologico.

Nella comunicazione escatologica, così, l'uomo realizzerà pienamente se stesso: non può volere altro, non può desiderare altro e non ha bisogno di altro, se non di nutrirsi di questa comunicazione d'amore infinito e senza limiti.

"Che i cattolici impegnati nel mondo delle comunicazioni sociali predichino la verità di Gesù Cristo ancor più gioiosamente e coraggiosamente

---

[96] PAPA FRANCESCO *Esortazione Apostolica Gaudete et exsultate* n°167, L.E.V. Città del Vaticano, 19 marzo 2018

[97] A. DANESE - G.P. DI NICOLA, *op. cit.*

dai tetti cosicché tutti gli uomini e tutte le donne possano conoscere l'amore che è il centro della comunicazione che Dio fa di se stesso in Gesù Cristo, lo stesso ieri, oggi e sempre".[98]

*«Perciò, bando alla menzogna: dite ciascuno la verità al proprio prossimo; perché siamo membra gli uni degli altri... Nessuna parola cattiva esca più dalla vostra bocca; ma piuttosto parole buone che possano servire per la necessaria edificazione»* (Ef 4,25.29).

[98] GIOVANNI PAOLO II, Messaggio in occasione della XXXV Giornata Mondiale delle Comunicazioni Sociali 2000, n.4

# BIBLIOGRAFIA (in ordine alfabetico)


- AGOSTINO DI IPPONA, *De civitate Dei* 17, 6, 2 (*La città di Dio* [D. Gentili ed.], voll. I-III, in *Opera omnia di S. Agostino*, edizione bilingue V/1, Roma 1978-1991)
- ALFARO J., *Rivelazione, fede e teologia*, Brescia 1986
- ALZEGHY Z. - FLICK M., *Come si fa teologia*, Roma 1974.
- APOLITO P., *Internet e la Madonna. Sul visionarismo missionario in Rete*, Milano 2002
- BARAGLI E., «Strumenti della comunicazione sociale», in *Nuovo Dizionario di Teologia*, Roma 1982
- BARTHOLOMÄUS W., *La comunicazione nella chiesa. Aspetti di un tema teologico*, Roma 1978
- CAPPELLI P., *Proposta per un itinerario,* in JOOS A. *Messaggio cristiano e comunicazione oggi*, Negrar (Vr) 1988.
- CARNICELLA M. C., «Chiesa e scienza delle comunicazioni sociali», in "Ricerche Teologiche", 1992/2
- CARNICELLA M. C., «Comunicazione», in *Dizionario di teologia fondamentale*, Roma 1994
- CARNICELLA M. C., *Teologia e comunicazione: affinità e conflitti*, in "Ricerche Teologiche", 1992/1
- DANESE A. - DI NICOLA G.P., *Ragazzi Telematici. Indagine sui consumi mediatici degli adolescenti abruzzesi,* (a cura di, in coll. con E. SPEDICATO), Teramo 2004
- DELL'AQUILA P., *Tribù telematiche. Tecnosocialità e associazioni virtuali*, Rimini 1999
- EILERS F. J. - GIANNATELLI R., *Chiesa e Comunicazione Sociale. I documenti fondamentali*, Torino 1996.
- ESPOSITO R., «Gli strumenti della comunicazione sociale e l'evangelizzazione» in *Evangelizzazione nel mondo contemporaneo*, Roma 1974.
- FISICHELLA R., «Teologia», in *Dizionario di teologia fondamentale* (a cura di) LATOURELLE R. e FISICHELLA R., Assisi 1990.
- FISICHELLA R., *Noi crediamo*, Roma 1993
- GIULIODORI G.- LORIZIO G. (a cura di), *Teologia e comunicazione*, Milano 2001.
- GOFFMAN E., *La vita quotidiana come rappresentazione*, Bologna 1969
- JOOS A., *Messaggio cristiano e comunicazione*, Casale Monferrato 1986
- LIMBURG V. E., *Etica dei media elettronici*, Torino 1996
- LYOTARD J. F., *La condizione postmoderna. Rapporto sul sapere*, Milano 1981
- MARTELLI S., *Sociologia dei processi culturali, lineamenti e tendenze*, Brescia 1999
- MENICOCCI M., *La Rete delle Religioni*, in *Storiadelmondo*
- MOLTMANN J., *La chiesa nella forza dello Spirito. Contributo per una ecclesiologia messianica*, Brescia 1976
- MOTTA D., *Libertà e regole. Le sfide di internet,* in "Avvenire", 7 ottobre 2009
- PASQUALI A., *Comprender la communiciòn*, Caracas 1979
- PEREZ G., *La comunicación Social e Iglesia*, Bogotà 1983
- POLI G.F. - CARDINALI M., *La comunicazione in prospettiva teologica*, Leumann (TO), 1998
- POUPARD P., *Condividere la nostra esperienza di Dio,* Roma 1995
- RATZINGER J., *La Chiesa come luogo di predicazione*, in *Dogma e predicazione*, Brescia 1979
- RATZINGER J., *Introduzione al cristianesimo*, Brescia 1986[8]
- RHEINGOLD H., *Comunità virtuali. Parlare, incontrarsi e vivere nel cyberspazio*, Milano 1994
- SANTOS E., «Comunicazione», in *Dizionario di Pastorale giovanile*, Torino 1989
- SEKLER M., *Teologia , Scienza e Chiesa*, Brescia 1988.
- SPADARO A., *Dio nella «Rete». Forme del religioso in internet,* in "La Civiltà Cattolica" 152 (2001) III
- SPEDICATO L., (a cura di), *La vita on line. Strategie di costruzione del sé in rete*, Nardò (LE) 2008
- STEINBUCH K., *La comunicazione*, Berlino 1977
- WELLMAN B., *The social affordances of the Internet for networked individualism*, vol. 8


**FONTI MAGISTERIALI** ***( in ordine cronologico)***


- COMMISSIONE INTERNAZIONALE DI STUDIO SUI PROBLEMI DELLA COMUNICAZIONE NEL MONDO, *Comunicazione e società oggi e domani*, Torino 1982.
- GIOVANNI PAOLO II, Lettera Enciclica *Redemptoris Missio*, in "Enchiridion delle Encicliche" (a cura di) E. LORA – R. SIMIONATI, Bologna 1998, 37c.
- GIOVANNI PAOLO II, Messaggio in occasione della XXXV Giornata Mondiale delle Comunicazioni Sociali, Milano 2002, 4.
- PONTIFICIO CONSIGLIO DELLE COMUNICAZIONI SOCIALI, Istruzione pastorale *Communio et progressio* sugli strumenti della Comunicazione Sociale in "Enchiridion Vaticanum: documenti ufficiali della Santa Sede", Bologna 2001.

- Pontificio Consiglio delle Comunicazioni Sociali, *La Chiesa e Internet*, "Enchiridion Vaticanum: documenti ufficiali della Santa Sede", I, Bologna 2002, 1.
- Pontificio Consiglio per le comunicazioni sociali, *Etica in Internet,* in "Enchiridion Vaticanum: documenti ufficiali della Santa Sede", I, Bologna 2002, 11.
- Conferenza Episcopale Italiana *Comunicazione e Missione. Direttorio sulle comunicazioni sociali nella missione della Chiesa*, 2004, in Enchiridion CEI, 79.
- H. Denzinger – P. Hünermann (a cura di), *Enchiridion Symbolorum, Definitiorum et Declarationum de rebus fidei et morum (DH)*, Bologna 2009[40].
- Ufficio Nazionale per le Comunicazioni Sociali Servizio Informatico, *Chiesa in rete 2.0. Atti del Convegno Nazionale*. Cinisello Balsamo (MI) 2010.

## SITOGRAFIA *( in ordine di data di accesso)*

La metodologia di una tesi che tratta il Web 2.0 si discosta per certi versi da quella tradizionale poiché il Web 2.0 è uno stato mentale e non solo un insieme di tecnologie. Pertanto si rimanda agli *account* sotto citati per raccogliere tutti i *link* segnalati nelle note a piè di pagina e quelli di approfondimento, che si troveranno facilmente scegliendo la *tag* di interesse.

- www.facebook.com 2 ottobre 2009
- www.msn.com 2 ottobre 2009
- www.flauntr.com 7 ottobre 2009
- www.twitter.com 8 ottobre 2009
- www.google.com 10 ottobre 2009
- www.parrocchie.org 11 ottobre 2009 .
- www.yahoo.com 12 ottobre 2009
- www.circlesanctuary.org 23 ottobre 2009
- www.ogear.wordpress.com 25 ottobre 2009
- www.quomedia.diesis.it 29 ottobre 2009
- www.vatican.va 6 novembre 2009
- www.satansearch.com 11 novembre 2009
- www.xenu.comit.net 13 novembre 2009
- www.chiesacattolica.it 16 novembre 2009
- www.spock.com 20 novembre 2009
- www.miriam.org 24 novembre 2009
- www.sicurezzainrete7×24.org 29 novembre 2009
- www.siticattolici.it 3 dicembre 2009
- www.subgenius.com 12 dicembre 2009
- www.nielsen-online.com 15 gennaio 2010
- www.urbs.vatlib.it 25 gennaio 2010
- www.fides.org 26 gennaio 2010
- www.mediamente.rai.it 12 febbraio 2010
- www.sentinelledelmattino.org 7 marzo 2010
- www.mondiriemersi.net 10 marzo 2010
- www.wikipedia.org 12 marzo 2010
- www.fuoridellaporta.it 26 marzo 2010
- www.focolare.org 3 aprile 2010
- www.quomedia.diesis.it 18 aprile 2010

# Indice

Printed by Books on Demand GmbH, Norderstedt / Germany